阅读之美

朱永新 著

王绍昌 画

江苏凤凰文艺出版社
JIANGSU PHOENIX LITERATURE AND
ART PUBLISHING

目录

精

神

之

美

　　阅读，不就像给自己的心灵种树吗？在我们心中种下一本本
美好的书，才能滋养我们的心灵。哪怕生活中遇到痛苦的沙漠，
也有力量重新成为绿洲。

001

一个人的精神发育史就是
他的阅读史。

　　所有的好老师都是善于学习的，著名儿童教育家李吉林老师更
是如此。她年轻时深知"一个小学的实际工作者的薄弱之处，便是
缺少理论"，就放弃了不少其他爱好，大量阅读"文学的、心理学的、
教育学的、美学的、教学论的，中国的、外国的"书籍，倾心投入其中。
为了有更多的阅读时间，她拒绝了当校长，推掉了当全国小学语文教学研究会的理事长，换届时主动向组织提出不再担任江苏省人大常委会的委员。

年过花甲以后，李老师"仍然像孩子一样，怀着强烈的求知欲望，什么都想知道，什么都想学"。从《学习的革命》到建构主义教育类图书，从课程理论到脑科学，她都不轻易放过。她感叹地说："世界这么大，新知识像浪潮向我涌来，我永远只能抓一点芝麻，大西瓜是搬不动了。但能抓一点芝麻，总比两手空空要好得多。"她多次告诉我，只要像孩子那样，憧憬着未来，敞开自己的心怀，就能不断地呼吸新的空气，汲取新的营养，而这一切都是教孩子所必需的。

李吉林老师到了 80 岁，依然热情洋溢、勤于学习，是一个真正的"学童"。我一直在想，正是她把自己视为学童，才有这样的境界。

一个民族的精神境界取决于这个民族的阅读水平。

一个民族的思想基础和核心价值体系的建设离不开阅读，中华民族共同的精神家园建设更离不开阅读。国际阅读学会在总结阅读对于人类最大益处的时候，曾经出过一份报告，报告指出，阅读能力的高低，直接影响到一个国家和民族的未来。

"亚洲四小龙"中最具危机意识的新加坡曾提出"思考型学校，学习型国家"（Thinking Schools，Learning Nation）的口号。从 2001年 11 月开始，新加坡婴儿出生时，医院的护士叮嘱产妇的事项中，增加了"如何读书给婴儿听"一项。小娃娃一出生，除了喝奶睡觉，还有资格办借书证。政府鼓励母亲与婴儿亲情联系的方式，是以读简单的故事、唱儿歌的方式来进行。这就是新加坡政府提出的"天生读书种，读书天伦乐"（Born to Read，Read to Bond）。

003

一个没有阅读的学校
永远不会有真正的教育。

2005年9月，海门成为新教育实验区，当时担任着学校少先队总辅导员、后兼任德育主任的倪颖娟一边带着一个班，一边投入到新教育实验中。紧接着，新教育儿童课程的研发与推动再一次如电闪雷鸣般震撼着她的心灵。她说："我也要让教室里的生命都美好起来，不虚此生；以后孩子们走在自己的人生路上，也不虚此生！"

她那间教室里的孩子，一部分是当地土生土长的农民的孩子，另一部分是四处漂泊的打工者的子女。倪颖娟就带着这群孩子，通过阅读经典，与众多崇高的灵魂交流；通过主题探讨，与众多伟大的心灵对话；通过自省思考，让孩子用不同的方式创造自身价值。

2010年，新教育"缔造完美教室"项目在海门新教育实验区全面展开，倪颖娟成为海门完美教室工作室的第一批核心成员，和其他任课老师迅速组建了团队，合作开发出许多颇具特色的班本课程：数学老师的"走进数学王国"思维训练课程，英语老师的"美文诵读"课程……当然，她自己也在娴熟驾驭儿童课程的基础上努力创新：围绕四季开展的"四季歌"诗歌课程、"天真的怪老头"谢尔·希尔弗斯坦诗歌课程、"热爱生命"汪国真诗歌课程等。孩子们的生命，在这些丰富而美好的课程中日益舒展、成长、丰盈、茁壮……

004

一个书香充盈的城市
才能成为美丽的精神家园。

　　为响应"深入推进全民阅读"政府工作报告的号召，推动全民阅读工作的深化、细化，2022 年 4 月，"中国阅读三十人论坛"发起"人人读城"的阅读活动。向全国各地妇联、少工委等组织，图书馆、学校、社区或其他公益机构等发出诚挚的邀请，每个月走进一个城市，通过阅读去了解这个城市背后的历史、文化传统、建筑、美食和百态人生。以书为媒，在阅读中感受不同城市变迁中的成长力量，带动大众的阅读兴趣。

2022 年 11 月苏州站"人人读城"活动由苏州市工业园区仁爱学校主办，主题是"关注孤独症儿童的阅读"。校长范里提出"去中心化阅读"，倡导大家用先进的理念、有效的方法、个别化的指导，实现环境契合的最优化，让更多孤独症儿童爱阅读、会阅读。

苏州历来是一座书香浓郁的城市，有着全龄爱阅读、全民爱阅读的阅读氛围。苏州也是我的故乡，我对它有着特别深厚的感情。我在苏州工作的时候，就参与发起了苏州阅读节，把"阅读，让苏州更美丽"作为我们的宗旨。本次活动主题"无碍阅读，融爱苏城"，聚焦的是一群特殊孩子——孤独症儿童，更让我感受到了苏州的智慧和苏州的爱意。祝福苏州！祝福追寻智慧勇于行动的每一个读书人！

005

共读共写共同生活,才能拥有共同的语言、共同的密码、共同的价值、共同的愿景。

高子阳是江苏省一名小学语文特级教师。一直以来，他主张"与孩子一起读，一起书，一起成长"的教学理念。从 2008 年开始，他为昆山 23 所学校和上海、山东、福建等十多个省市的学生家长做了百余场"与孩子共读共书"的讲座，超过 10 万的家长聆听了讲座。在新教育诸多行动中，他对"营造书香校园"和"师生共写随笔"特别着迷，对"晨诵、午读、暮省"和"儿童阶梯阅读"特别喜欢。于是，他在课堂和家庭两条战线同步展开了自己的探索。

2017年，高子阳发表了新作——《与孩子共读共书》。他说，这本书是他送给女儿们的新婚礼物。高子阳有两个女儿，她们没有超常的智商，都是普普通通的孩子，但她们都是在新教育理念熏陶下成长的。现在，大女儿已经在复旦大学做博士后研究，小女儿则继承父业，在苏州任教。书中强调了"共读共书"，正是对新教育实验"共读共写共同生活"理念的实践，书中还提及他和女儿们共同阅读、共同成长的故事，这就是最好的例证。相信这本书会成为"传家宝"，让他的未来的孙辈更加热爱阅读与写作。而真正热爱阅读和写作的人，一定会发现共读共写的魔力的。

006

改变，从阅读开始。

　　赵莉莉是一位来自农村学校的普通教师。她的改变，是从一场报告开始的。2007 年 8 月，在焦作听完一场新教育实验报告后，她就直接找到了教科所的张硕果老师，激动地说："我也想成为一只新教育毛虫！"她许下诺言，要让一所普通的农村学校因为她、因为新教育实验而骄傲。当天，她在自己的教育日记中写下了这样的文字："一个在安逸、迷茫、颓废中高高兴兴消沉的生命，在新教育的牵引下，开始了一个新我的熔炼。"

　　回到学校，赵莉莉就为自己的班级建立了主题帖——"读书吧，像走在朝圣的路上那样"，引领一群学生开始走上了"毛虫之旅"。因为需要在网上发帖子，自己又没有电脑，只好每天下午等其他老师下班回家后，她再用学校的电脑写帖、发帖。刚开始她打字太慢，以至于每次回到家时，家里人都早已吃过晚饭了。从学校回家的路上，有很长一段路没有路灯，无论是夏天的疏星淡月，还是冬天的漆黑寒夜，她都没有胆怯过。她说，自己心里有一团火，所以很温暖、很充实。

　　她和一群可爱的学生，在童书铺成的成长路上，正欣喜地做着一件让这个世界变得更美丽的事情。简陋的教室墙壁上，贴着她送给班里孩子们的三句话：让黎明之光在晨诵中升腾，让生命成长在午读中拔节，让亲子共读在暮省中静放。

007

　　阅读对于生命唤醒的独特价值在于：书籍在生命独自面对另外一种精神与情感的情境时，为之架设起了灵魂交流的场域，使阅读本身和人精神的汇通变得可能，从而充盈了个体生命的精神生活世界，赋予了个体生命更多的意义，让人不断实践高尚的人生价值。这种读者与作者之间、读者与读者之间的互相映照反复出现，也就意味着自我教育的不断实施。

新生命教育研究所执行所长袁卫星曾经在《中国教育报》发表了一篇读书札记——《在教育中追寻生命的意义》，这是他在暑假期间用 21 天带领全国 700 多名教师共读《活出生命的意义》的记录，也是他关于生命教育与教师成长问题的思考。非常荣幸，我也参与其中。

关于生命意义的探寻，对于漫长的人类历史而言，从来都不是新课题。然而，人类生命的意义，却是由我们每个人内心的意志汇聚而成。因此，对于每个鲜活的个体而言，这是一道生命的必答题。

当"中国教育报读书会"邀请我担任"领读者"，和全国教师用 21 天共读一本书时，我毫不犹豫选择了《活出生命的意义》。作者维克多·弗兰克尔在书中讲述自己在纳粹集中营的痛苦遭遇，但他从未放弃对生命意义的追寻。当他获释后回顾这段经历时，他写道："人们活着是为了寻找生命的意义，这也是人们一生中被赋予的最艰巨的使命。""找寻到生命意义的三条途径：工作（做有意义的事）、爱（关爱他人）以及拥有克服困难的勇气。"

21 天、700 多人的集体共读，"找寻到生命意义的三条途径"，在我和读友们眼前越发清晰。在我看来，共读本身就是在这三条路径上一路播撒。生命的意义是需要用一辈子追寻的，而这过程本身就是有意义的，或者说就是生命的意义所在。

008

阅读不能改变人生的长度，但是它可以改变人生的宽度和厚度；阅读不能改变人生的物象，但是它可以改变人生的气象和品质。外在的相貌和基因无法改变，但是人的精神可以通过阅读而蓬勃葱茏，气象万千。

有人跟我说：“朱老师，你这句话讲得保守了，阅读其实是可以改变生命的长度的；同时阅读也可以改变我们人生的物象。”我明白他的意思。因为从生命长度来说，至少可以从两个方面延长我们生命的长度。第一个方面，通过阅读可以让我们了解很多关于安全和健康的知识，我们可以通过自我保健，自我运动来强身健体，延长生命。第二个方面，通过阅读可以让我们有一个更宁静的心态，更懂得人世间基本的常理，懂得生与死，让我们更淡然、更宁静。所以阅读是可以改变我们生命长度的。何况现在还发展了很多阅读疗法，通过阅读来治疗各种各样的身心疾病。所以，阅读不仅可以改变我们人生的宽度和高度，也可以改变我们人生的长度。

当然，阅读还可以改变我们人生的物象。作家毕淑敏曾经说过，对于女人来说，书是最便宜的化妆品，真正读书的女人才是最美丽的，因为她有高贵的精神气质。阅读是通向内心安宁的一条通道，能给人心灵慰藉，让人真正有幸福感。

009

我们读过的书，与我们吃过的食物会对我们的身体产生作用、留下痕迹一样，也会对我们的精神产生作用、留下痕迹，会以某些特殊的方式来影响我们的生活。

对于我来说，最好的书，就是那些曾经深刻影响到我的思想和行为的书。除了教育理论著作，还有文学名著、社科经典，而名人传记更是能让我最直接汲取精神力量的一种读物。对我影响特别大的一本人物传记是日本医学改革家德田虎雄的自传《产生奇迹的行动哲学》，讲述了德田虎雄怎样从一个日本农村的普通孩子成长为优秀的医学改革家的故事。这本书告诉同是出身农村普通孩子的我：追寻自己的梦想，任何人都能够创造辉煌；追寻伟大的灵魂，普通人也可以走得很远。

而引导我走上新教育之路的，也是一本名人传记，书名是《管理大师德鲁克》。这本书中记录了晚年的约瑟夫·熊彼特对来探望自己的彼得·德鲁克父子说的一段话："我现在已经到了这样的年龄，知道仅仅凭借自己的书和理论而流芳百世是不够的。除非能改变人们的生活，否则就没有任何重大的意义。"这段话成为我下决心走出书斋、深入教育一线的精神源头，也是我十五年来坚持新教育探索的重要动力。

阅读
观点

书读多了，世界就变大了，风度和气质也就有了。读书是培养一个人心平气和的最好路径。

抗日战争时期，有一天国民党元老陈铭枢在重庆请学者熊十力吃饭。熊十力面对浩浩长江，大发感慨，而陈铭枢则背对长江看着熊十力。熊十力觉得很奇怪，说这么好的风景你怎么不看？陈答曰："你就是最好的风景。"熊十力听了很高兴，哈哈大笑。

其实，陈铭枢的话不无道理。一个人的五官固然是天生的，无法因阅读而改变，但读书却能赶走人身上的愚昧和粗野，使人在不知不觉中增强了信心、修养了气质、深化了内涵、优雅了谈吐，正所谓"腹有诗书气自华"。正如宋代诗人、书法家黄庭坚所说："士大夫三日不读书，则义理不交于胸中，对镜觉面目可憎，向人亦语言无味。"

阅读经典文本是使阅读者经历一番文化濡染的过程，它可以改变人的气质。古人、古贤、古书，都是传统文化积淀的代称，接触多了，势必使一个人的气质发生潜移默化的变化。很多人都发生气质的变化，一个时代的社会风气就会随之发生变化。所以阅读本民族的文化经典，于个人而言，可以变化气质；于社会而言，可以净化风气。

011

阅读
观点

好书不厌百回读，好友值得一生交。
人的一生总有一些重要他人成为终身的朋
友，总有一些重要书籍成为永远的最爱。

朱小蔓的女儿吴姗曾来信说，2021年8月，她妈妈逝世一周年，教育科学出版社将出版《爱的联结——朱小蔓演讲录》一书，她和家人一直觉得小蔓和我"教育理念相投，教育情怀相惜"，希望我能够为这本书写序。我非常荣幸为这本书写序，义不容辞。

我把这次写序视为再次学习小蔓的教育思想的一个机会，视为报答小蔓多年关心、关爱我这个小弟的一个机会。利用几个清晨，我读完了这本演讲录。演讲录中的许多篇章我都非常熟悉，许多演讲我曾经就在现场聆听过，所以读起来感到非常亲切，也非常感动，想起故人又不由得感伤。这是一部字里行间都充满爱与思想的作品。小蔓用她特有的富有激情和魅力的演讲，向我们传递了她的大爱情怀与教育思想。

爱和思想是永生的。真正的教育家，他们的爱寄托在他们的思想之中，通过他们的言与行影响着一代又一代的教师，影响着我们的教育。《爱的联结——朱小蔓演讲录》是一部充满智慧的教育专著，是一段饱含着爱与思想的心声。我相信，它将会再一次联结小蔓和读者、联结感性与理性、联结现在和未来，为每一个教育的行动者再一次注入新的力量。

012

通过阅读，我们能够穿越时间、空间，
看见不同的生活、不同的风景、不同的人生。
我们不需要通过自己尝试错误去获得智慧，
而能够通过观察别人的生命、了解别人的活
动来增长自己的智慧。

潘向黎是中国民主促进会上海市委员会的副主任委员，是《文汇报》的高级编辑，也是一位很有影响力的作家。

向黎爱诗。在《看诗不分明》和《梅边消息》中，我们看到了她的诗缘、诗才、诗魂。她从小就沉浸于诗的世界中，是读着父亲手抄的古诗词长大的，是在和当代著名文学评论家的辩论中成长的。诗是她的生活方式。她谈论古诗词，就像谈论家里的油盐酱醋一样亲切自然。诗人们如何唱反调、如何发牢骚、如何思家乡、如何别友人，经过她的阐发，那些遥远的故事仿佛就发生在当下。她带着我们穿越了千年的时光与诗人见面、交流。

向黎爱茶。在她的笔下，从茶叶的起源与发展，到茶叶的文化与文学，各种历史掌故她都信手拈来。她能够听到茶叶的哭声与愤懑，能够看见茶叶的圆满与从容。她爱茶与爱诗一样，茶里安顿了她的灵魂，她在茶中悟出了人生的活法。

向黎爱朋友。《万念》《如一》里有许多描写她与朋友交往的故事，陈忠实、陆文夫、毕飞宇等等。每个故事都能够让人感受到向黎对于友谊的渴望、对于友情的在意。而从《万念》中她对陶文瑜、荆歌、叶弥等朋友的欣赏与评论，更让人感觉向黎是一位性情中人。

好诗、好茶、好朋友，人生有此三者相伴，无憾也。这就是向黎的书带给我们的启示。

013

阅读能够让我们远离孤独。阅读，让我们和世界站在一起，让我们和别人连接在一起。

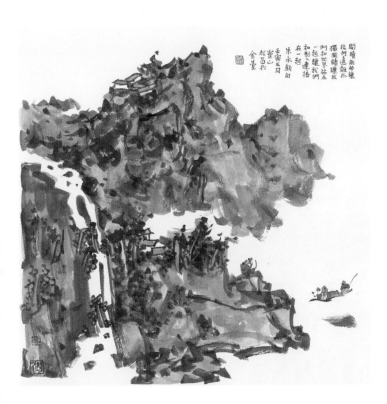

O14

　　我们需要用阅读探索世界。我们看到的世界，总是受到许多因素的制约，或是近视、老花等身体因素，或是粗心、马虎等心理因素，都可能让我们无法清晰把握这个世界。阅读，就是帮助我们看世界的眼镜。

　　曾经，看到一个网友说的一句话："不翻书，生活就会给你翻脸。"颇有感触。是啊，一个人的力量总是有限的，不读书，我们就少了一个深入学习他人的机会，就会少了一些对生活的思考，少了一些生活的智慧与艺术，生活对我们"翻脸"，也就正常了。

　　阅读，能让我们看到一个更加真实、立体的生活世界。正如文化学者威廉·A.哈维兰博士所说："好的阅读对于心灵就像优质的眼镜对于眼睛一样，它可以使你看到生活的细微之处。"如通过读托马斯·弗里德曼的书，我们知道了"世界是平的"这个简单而深刻的道理；读基辛格的著作，我们理解了为什么世界秩序"永远需要克制、力量和合法性三者间的微妙平衡"；读弗洛伊德的著作，我们发现了人其实有三个"我"：本我、自我与超我。走进那些伟大的著作，犹如与大师面对面对话，借他们的慧眼帮助我们更好地发现世界的细微与奥妙，自然有助于我们更轻松愉快地前行，这正是阅读的魅力所在。

015

真正的贫穷是没有知识，真正的孤独是没有思想，真正的堕落是没有方向，真正的偷懒是没有追求。这一切的原因，都和阅读相关。

016

读书是人生最美的姿态，能够把这个姿态定格多久，就拥有了多久的幸福与美好。

飓风老师是一位本名叫郭明晓的女士。在 2009 年初，她用"飓风"这个网名在教育在线网站的论坛上发了帖子，她的帖子吸引了众多网友。她先后担任了新阅读研究所常务副所长、新教育首席培训师等重要职务，在全国新教育教师中心刮起了一阵阵的飓风，以至于大家后来都不习惯叫她的本名，而是亲切地喊她"飓风老师"。

有一天，飓风老师和家人在外面吃完饭出来，老公、儿女建议逛逛，她却对他们说："你们逛吧，我先回家了。"女儿笑妈妈："你这么大年纪了，你学那么多来干什么呀，你马上就要退休了！"她严肃地回答道："越读网师（新教育网络师范学院），越觉得自己浅薄，越觉得自己应该多读点。别说退休啊，你们想想，要是我能活 80 岁，那我 55 岁退休，就还有 25 年的时间，这 25 年的时间要是用来学习，可以学好多东西啊！"

作为网师的学员，从 2009 年开始，飓风老师每年的年度叙事都能够从千余名学员中脱颖而出，成为最受尊敬的"十佳年度叙事"之一。2009 年，她先后阅读了近 200 本绘本、数十部童话，还有近十部理论书籍。2010 年，她又跟随网师读完了《论语》《中国哲学史》《静悄悄的革命》《心理学》《教育的目的》《给教师的建议》等一大批理论书籍。2011 年，她继续大量阅读，继续带领孩子晨诵、午读、暮省，继续开展完美教室探索……

飓风老师的这些年度叙事我不止一次地阅读过，每次都会在我的心中掀起感动与感慨的波澜。从她的叙事中我们可以看到，只要有梦想，就会有成长。5 年的时间，1700 多个日子，飓风老师没有停止过阅读、思考、写作，没有停止过晨诵、午读、暮省。

017

阅读,不就像给自己的心灵种树吗?在我们心中种下一本本美好的书,才能滋养我们的心灵。哪怕生活中遇到痛苦的沙漠,也有力量重新成为绿洲。

在情绪低落或者年老多病的时候，读图画书能温暖心灵、缓解情绪，让我们重新找回生活的趣味。儿童文学评论家常立先生说："图画书可以在一瞬间把大人带回童年，重新体验儿时的惊奇、欣喜、疑惑与恐惧。更重要的是，当大人回返时，不再是那个在成人世界中挣扎、焦虑、身心疲惫的大人，而是带回了来自童年的力量，温柔、有力。"

纪实文学家柳田邦男大概在他 57 岁的时候，小儿子去世了，柳田邦男沉浸在丧子之痛中难以自拔。有一天，他在书店偶然看到宫泽贤治的作品《风之又三郎》的图画书，通过这本书，他发现了"图画书中不逊于小说的直抵内心的力量"，感受到了一种直抵内心的平静的力量。于是，他买了这本图画书回家慢慢翻阅，从此已过天命之年的他成了图画书迷。之后，柳田邦男就一直致力于"大人也要读图画书"的推广。

我觉得这就是图画书的力量，好的图画书可以让人生中的每个阶段都丰富多彩，治愈生活中我们无法避免的痛苦和悲伤。

018

> 阅读推广人，不就像为人们的心灵种树的人吗？在人们心中种下一本本美好的书，哪怕只有 10% 的成活率，也永不放弃，最终创造出精神的绿洲。

　　童喜喜是一位儿童文学作家，同时也是一名阅读推广人。早在 2003 年，童喜喜出版的第一部儿童文学作品《嘭嘭嘭》就获得了广泛关注。她把《嘭嘭嘭》一书的所有稿费捐赠给 30 名失学的乡村女孩，并在湖北省十堰市成立"喜喜老师春蕾班"，帮助她们重新回到课堂。2004 年，童喜喜赴山区小学支教时，发现了农村儿童阅读的匮乏。支教结束后，她与好友李西西成立"喜阅会"，自费购买各类课外书 3000 余册，赠送给贫困儿童。2011 年，她发起新教育萤火虫亲子共读项目。2012 年，她创建了新父母研究所，以义工身份全职担任所长，并捐赠 33 万余元，组建起专职研究推广团队，全力以赴做起

了阅读推广工作。2014年到2015年，童喜喜带领团队开展"'新孩子'乡村阅读公益行"活动。她奔赴各省市自治区的100所乡村学校，免费开展阅读推广讲座196场，捐赠价值1000万的图书，团队还提供3年免费的跟踪服务。此后，她陆续创作出"新孩子"系列、《喜阅读出好孩子》等作品，针对中国孩子的阅读问题，为老师和家长们提供系统的阅读指南……如今，童喜喜依然在阅读推广人的道路上不断前进。她相信，阅读在根本上是公平的，因为每颗心灵都是油田，只是需要合适的火柴去点燃。

019

在阅读推广的路上，没有人是孤独的。在中国，有无数阅读推广人在行动。就像种树的人一样，不断播下一本本好书的种子，不断培育一粒粒读书的种子。我们播下的是种子，更是希望，是力量，是美好，是未来。我愿意和大家一起，种树、种书，全力以赴地耕耘。

在推动阅读上，仍然是行胜于言。像新阅读研究所这些年来就以研究专业的阅读书目、研发特色的阅读课程、进行公益的全民推广为己任，为不同群体尤其是为乡村中小学提供全套的免费服务，深受一线中小学师生的信赖。

前些年，我们一大群对推动阅读的志同道合的学者朋友，成立了"中国阅读三十人论坛"，也是以专业研究阅读、公益推动阅读为使命，做了许多工作。总体来说，近些年来推动阅读的新机构层出不穷。而一个真正研究阅读的机构，必然无法离开对教育的理解

与实施。我们努力让专业阅读深入人心、让专业阅读方法耳熟能详，以此提升教育的品质。我们努力推动阅读，营造书香校园，从一个又一个人，到一个又一个家庭、一间又一间教室、一所又一所学校、一座乡村又一座乡村……这一切缓慢而深刻的改变，正是从一本又一本书开始。

时代正在改变，教育也在改变，阅读更在改变。以新的方法，推动专业阅读，必然带来更幸福同时更高效的教育。

020

　　阅读也是有胃口的，就像饮食一样，好的食物品尝多了，自然就对垃圾食品不感兴趣了。好的作品读多了，自然就知道什么才是伟大的作品，就会寻求那些最美好的书籍。

在文化产品匮乏的古代，人们认为"开卷有益"。现在，我国每年出版的图书多达 40 万种，人们不可能所有书都看。

在图书的品质上，我们特别强调要读经典。真正把经典读进去，经典读多了，阅读审美能力就加强了，阅读的口味和习惯也就养成了，阅读的鉴别力也会提高，再读其他好书就势如破竹。

同时，我们还要读传记。那些伟大人物的传记，如《毛泽东传》《邓小平传》《林肯传》《居里夫人传》等，就是介绍了一个个已经被成功书写的生命传奇。它们是一部部厚重的大书，无疑会为我们提供更为充沛的奋进动力。

好的文艺作品往往容易使人产生共情，作品中人物的悲欢离合的命运会让我们的心灵受到震撼与启迪。如《平凡的世界》《巴黎圣母院》等优秀文学作品，是活的哲学。它们通过浓缩和提炼，深刻地揭示出人生的意义和价值，让我们更好地认识世界、认识自我，在潜移默化中陶冶情操、提升境界，可谓无用之大用。

选择什么书来读，的确需要有睿智的眼光，需要我们结合各自的情况，在实践中慢慢摸索。

021

传统的纸质图书飘溢着纸和墨的香味，随着电子书的普及，纸质图书已经受到了很大的挑战。如今的电子书尽力在模仿纸质书的所有细节与功能，包括翻页的声音、墨汁的痕迹，或许在将来，也能模拟出纸和墨的香味。我相信，改变的永远是形式，而实质的内容，精神的书香，永远不会消失。

在各种讲演中，许多朋友经常问我，纸质书籍的阅读和网络媒体的阅读究竟哪个更好？我的回答是，在现代媒介发生如此巨大的变革的社会背景下，要拒绝网络阅读不仅是不可能的，也是没有必要的。

纸质阅读与网络阅读并不是水火不容的两种阅读。人类阅读的载体也是不断变化、不断发展的。从最早的摩崖石刻、结绳记事，到后来的竹简木刻、纸质图书，再到电视、电脑、电子阅读器，阅读的形式与载体一直都在发生变化。

电视、电脑、移动终端等不断把人们从传统的阅读中拉走。电视的大屏、电脑的中屏和手机的小屏，让现代人的阅读行为发生了深刻的变化。我曾经写过一篇文章《电视应该"赎罪"》，希望各大电视台能够在黄金时间为阅读鼓掌与欢呼，把精彩的美文和诗篇在黄金时段通过电视传播给观众。当然，那只是我的"一厢情愿"而已。

现在，"低头族"已经成为社会的一道"风景线"，纸质阅读的危机也再次出现在我们面前。

网络阅读有其独特的功能和作用，不面对这个事实就是掩耳盗铃。事实上，工具书的检索与阅读，新闻资料的查找与借阅已经离不开网络。快速及时、效率高、检索方便、成本低、携带方便以及有效利用碎片化时间等特点，使网络阅读逐步成为许多人尤其是年轻人的主要阅读方式。

022

每个人拥有不同的职业和不同的身份，但是所有热爱阅读的人都拥有一个共同的身份——读者。在精神的世界里，每一个人都是平等的，读者是每个人应该拥有的最高贵的身份。

其实，物质上的贫富与精神上的贫富不是成正相关的。有些人虽然生活贫困，但精神却相对充盈富有，活得安详自在、幸福宁静。2020年防疫期间，东莞农民工吴桂春的一封信火遍网络。他在决定离开东莞前，给图书馆留了一封信，写道："书能明理，对人百益无一害的唯书也，虽万般不舍，然生活所迫，余生永不忘你。"他还表示：如能留莞工作，马上去办借书证！相对而言，那些有钱而无知的人应该为此汗颜，在吴桂春面前，他们才是真正的精神上的穷人。他们本来可以利用自己的财富和闲暇去读更多的书，做更有价值的事情。但是，他们整天声色犬马，活得紧张又焦虑，毫无幸福感可言。其实，人是物质与精神的统一体。人不仅通过生产工具等中介建立与世界的物质联系，而且通过语言符号等中介建立与世界的精神联系，二者缺一不可。并且只有人才能借助语言等符号拥有真正的阅读生活，编织丰饶、瑰丽的精神世界。从某种意义上可以说，没有阅读，人的精神生命不复存在。这也许正是福楼拜说的"阅读是为了活着"。

023

读书，不是我们无奈的选择，也不是用来打发无聊的光阴。读书，本来就应该是我们的生活方式。

人与人的差别往往在于如何利用闲暇时间。中国台湾企业家陈茂榜甚至说："一个人的命运，决定于晚上 8 点到 10 点之间。"如果我们每天能够拿出两个小时来阅读，不让自己的闲暇时间被电视、麻将、扑克、喝酒等填满，就会有别样的生活、别样的人生。学者齐邦媛老人 85 岁时出版了《巨流河》一书，90 岁的她在总结自己一生时坦言："很够，很累，很满意。"她希望自己离开世界的时候仍然是读书人的样子。

"老毛虫"尤晓慧老师几乎每个星期都要和孩子们分享绘本故事，进行读、写、绘练习。同时，她也开始阅读大量教育理论书籍与童书，从《薛瑞萍班级日志：心平气和的一年级》到《窗边的小豆豆》，从《朗读手册》到《爱的教育》。另外，她还和孩子们共读了大量的童书：《我和小姐姐克拉拉》《石头汤》《跑猪噜噜》《小猪唏哩呼噜》《一百条裙子》《绿野仙踪》等。尤老师深有体会地说："有美丽童书陪伴的童年实在是太幸福了，我不知不觉地也在这阅读的幸福中和孩子们共同成长。""我会一直坚持，即使有一天我退休离开了最爱的课堂，不能再和这群可爱的'小毛虫'共同阅读，我还会将晨诵、午读、暮省——这种回归朴素的新教育生活方式坚持下去，去感染我身边的朋友或邻家小孩。"

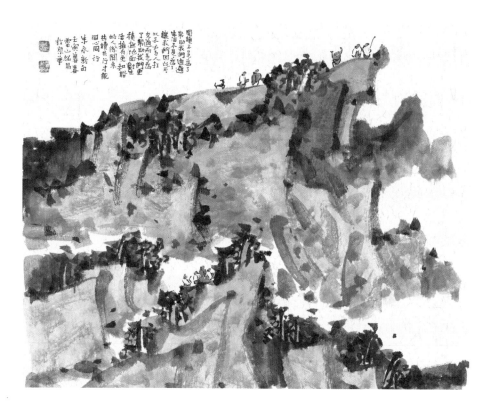

024

　　阅读不是为了帮助我们逃避生活，不是为了让我们因此可以不必与人打交道，而是为了帮助我们更积极地面对生活，拥有更和谐的人际关系。共读共行，才能同心同行。

2003年，在教育在线网站成立的初期，窦桂梅以"玫瑰"之名闯进了论坛，开设了一个"玫瑰之约"的专栏，纵横驰骋，痴迷其中。她每天必定上网几次，而且每一次只踏上"教育在线"的船只，在网络大书的海洋上航行，欣赏着"新教育"海上日出一般的风景；观看着"朱永新教育小品"的表演；品尝着"李镇西之家"的风味特色；感受着"小学教育论坛"的习习海风……

我想，对当时的她而言，如她形容教育在线网站时所说的"我就感觉自己被一种无形的、向上的力量托起，不自觉地就顺着船只前进的方向航行"一样，新教育的这个官方网站已是她不可或缺的精神家园。她在这里认识了卢志文、干国祥、看云（网名）、李玉龙、袁卫星、王开东等一批新教育人，这些人先后都成为她生命里的重要他人。以书会友，读人如书，亦师亦友，她和大家积极分享、互相碰撞、彼此激发，形成了一段共同成长的黄金时代。

025

人与好书相遇，就像与靠谱的人相处一样，是幸运的。以书为伴的人生，是幸福的。

　　绿茶本名方绪晓，是一名作家，也是有名的书评人，插画师。此外，他还是《绿茶书情》创始人，北京金牌阅读推广人。读完好友绿茶寄来他的新书《所幸藏书房：120位文人学者和他们的精神角落》（中信出版集团，2022年版），我很喜欢。绿茶说："书房是独乐园，是避难所，是无人岛，更是全世界。"近年来，越来越多的人感慨：所幸还有书房，索性藏进书房。这就是这本书的书名之由来。绿茶本来并不擅长绘画，2016年开始和儿子一起涂鸦，居然成为读书圈内小有名气的画家。他把书中的人物分成五类：第一类是文人，指文学圈的人，主要是作家、诗人等；第二类是学人，主要是从事学术研究的朋友；第三类是书人，主要是那些爱书如命的藏书家、古籍研究者等；第四类是友人，主要是他的一些好朋友；第五类是故人，主要是已经去世的文人学者。他以一个爱书之人的身份，走进120位文人学者的书房，走进他们的心灵世界，不仅留下了一幅幅书房的速写图画，也留下了他与书房主人们的心灵对话。

记得他是 2021 年 1 月 19 日到我家中的，一边拍照片，一边闲话书房，一边采访，回去以后竟然写了近万字的长文。绿茶是我的书友中与书打交道经历最丰富的人。他当过《新京报》书评专栏的编辑，当过中信出版集团的副总编辑，当过书店的工作人员，写过许多关于书的书（如《在书店小站片刻》《如果没有书店》），当过"中国童书榜""华文好书榜"等许多书榜的评委，又满世界地去探寻书店与文人书房。如此与书相关的事业集于一身的人，可能在全世界也没有几个。他是书的王子。他是书房的侦探。他是一个纯粹的读书人。他知道我收藏签名书，专门在这本书上写下了我最喜欢的一句话：过一种幸福完整的教育生活。

026

每本书就是一颗种子，它播到人的心里，会发芽、生根、生长，会让人成为一个卓越和优秀的人。每个人也是一颗种子，他去传播他读的书，不断地让更多人了解这本书。人和书的结合会产生很多奇迹。

目前，在我国的一些地方和人群中，阅读已然渐成风气。曾经，朋友给我讲了一个青年人读书甚至带动一群人读书的故事：一个叫黄可的女孩子，从给父母亲床前夜读开始，慢慢把自己的朗读行为变成了给父母的小讲座，又在李浩英等几位有教育工作背景的家长的支持下，把一个家庭的睡前夜读变成了几个家庭参与的"新知读书交流群"。从一个人到一群人，从线上到线下，甚至从结伴阅读到结伴运动、观剧，一个旨在促进自律和分享的学习型社群有声有色地开展起来。就在当下，一群青年人带动着他们的父母，也有年轻的父母亲带着他们的孩子，每天早晨 6 点相约晨读，用琅琅书声开启新的一天——这是一道多么美丽的风景啊！我知道，这也是当下许许多多青年人真实生活的缩影。

作为一名阅读推广人，我被这个故事深深打动了。新时代读书已经蔚然成风，我颇感欣慰。是的，阅读也是需要传播、需要影响、需要带动的。期待看到更多像黄可这样热爱阅读的青年人，用自己的智慧和热情播撒阅读的种子，让青春在阅读中美丽绽放。

书籍从不嫌贫爱富，它对于所有的人都是平等的。

1995 年，联合国教科文组织宣布每年 4 月 23 日为"世界图书与版权日"，号召全球各地的人们，无论年老还是年轻、贫穷还是富有、患病还是健康，都能享受阅读带来的乐趣与成长，都能保护知识产权，都能尊重和感谢为人类文明奉献自己力量的人们。这个日子中国简称为"世界读书日"，更是以"读"一词，概括了推进阅读公平的行动，把构建和谐社会的美好愿望寄托在这个日子中。

　　研究表明，阅读一直是社会变革和社会进步的重要力量，也是改变社会分层、促进社会公平的重要工具。苏联教育家苏霍姆林斯基曾经说过，当偏僻乡村学校的孩子们有了与中心城市的孩子一样多的优质图书时，他们精神发展的起点就站在了同样的起跑线上。这与美国学者赫希的观点完全一致，他在《知识匮乏：缩小美国儿童令人震惊的教育差距》一书中提出，阅读的差距恰恰是社会不公平的重要原因所在，"我们只有在妥善处理好阅读问题后，才能在知识经济时代的竞争中处于最佳地位，才能实现保证每位学生人生起点公平的目标。与经济繁荣和社会公平相比，解决阅读问题才是当下最为紧要的事情"。所以，他发起的核心知识运动，就是努力让所有的学生能够和那些最伟大的经典对话，用阅读填平社会的沟壑。

028

　　书籍，是一个由文字幻化而成的魔术世界。这是世界上最奇妙的魔术世界。几千个方块汉字、26个英文字母；或者其他各种各样的文字，它们的变化是无穷无尽的，是充满着各种各样的可能性的。在不同的作家笔下，文字的不同组合，就可以创造出无数打动人心、感人肺腑的文章。

氛

围

之

美

再好的酒，在最好的书面前总会黯然失色。一旦社会弥漫着
书香，精神就会充盈着芬芳，这样的世界自然就是更为美好的世界。

029

展望我们的明天，展望我们这个伟大的民族，如果整个社会都被书香萦绕，如果大人孩子都手不释卷，那时那刻，我们的祖国，我们每个人，该会有着怎样美好的成长，有着怎样的自信与自强？

英国学者斯蒂芬·克拉生在《阅读的力量》一书中用大量数据证明，学校和家庭阅读环境好坏、图书馆有无和多少、藏书多寡、父母和教师读书与否、学生阅读量大小等因素与学生成绩的好坏密切相关。对于学校而言，硬件设施是教育的基础，但决定教育水平的是软件水平，决定软件水平的关键是阅读水平。

从国家层面讲，阅读能力也是一种生产力：它能够培养更多高素养的国民，自然就能够提高生产力。因此，有阅读习惯的民族自然是全民素养较高的民族，自然能创造出更多价值，自然能够收获更多。

在当下，教育教学中的许多问题主要源自阅读兴趣匮乏、阅读习惯养成滞后、阅读量萎缩、浅阅读甚至反阅读盛行，导致教师的阅读教学缺乏吸引力、父母的阅读指导缺乏科学性、孩子的阅读提升缺乏内驱力。所以，要想真正推进素质教育，要想打倒应试主义，我们特别需要在学校和家庭中推动真正的阅读。我们要让教师、父母、学生掌握专业的阅读技能，我们要让儿童在需要阅读的年龄里得到充分阅读的浸润。

全世界正在大步走向终身学习的时代。对教育的重视是中华民族的优良传统，因此，阅读应该成为中华民族最重要的事情之一。

030

一个不读书的社会是人文精神缺失的社会，一个人文精神缺失的社会是病态的社会；一个不读书的民族是创造力贫乏的民族，一个创造力贫乏的民族是没有希望的民族。

　　英国前首相丘吉尔曾说过："我宁愿失去一个印度，也不愿失去一个莎士比亚。"德国诗人海涅也把莎士比亚誉为"精神上的太阳"，认为"这个太阳以最绚丽的光彩、以大慈大悲的光辉普照着那片国土。那里的一切都使我们记起莎士比亚，在我们眼里，即使最平凡的事物也因此显得容光焕发"。莎士比亚的诗歌与戏剧，无疑对英国的社会产生了深刻的影响，助力其"有了一个深切呼唤浪漫精神的跨越海洋的新世界"。而曾经辉煌一时的沙皇俄国，为何走向没落？原因可能有很多，如频繁的战争使其消耗严重、大伤元气，沙皇专制制度不得人心，导致内部频繁的动乱等，但严肃而单调的功利主义和统治阶级缺乏远见，无疑也是非常重要的原因。

031

阅读的"共同富裕"是精神生活"共同富裕"的前提，也是物质生活"共同富裕"的保障。让我们一起努力，进一步推动全民阅读，建设书香中国，夯实共同富裕的精神基础。

地处四川盆地边缘的旺苍县，曾经是国家级贫困县。面对区域内学校办学品质不高、教师成长缓慢、学生幸福感缺失等诸多难题，地方教育行政部门一直在苦苦寻找走出困境之道。2018年，旺苍县教育系统整体加入新教育实验后，逐步呈现了教育更动人的生命样态，找到了理想与现实之间的链接路径。他们以构筑理想课堂为行动主题，不断优化课堂教学的维度，积极尝试自主探究式教学策略；开展师生共读共写活动，感受文字世界的魅力；积极缔造完美教室，通过班级的课程、庆典、活动和共读共写共生活，让班级文化一点一点生发出来……三年后，旺苍县教育质量实现飞跃发展，获得家长和社会的好评。其实，旺苍县只是因新教育实验而迅速出圈的乡村教育县的代表。山西绛县，宁夏中宁，四川遂宁，内蒙古阿兰旗，新疆奎屯，贵州凤冈、遵义、威宁，陕西定边、宁强等地区，都因为新教育的赋能而不断提高了教育品质，提升了师生的幸福指数，让乡村教育散发出了一种别样的魅力。

032

拥有了属于自己国家的阅读节，对国人心理上最直接的影响就是国家开始重视全民阅读。这是一种唤醒的力量，唤醒麻木的灵魂；也是一种催生的力量，催生蛰伏的智慧；更是一种支撑的力量，支撑不倒的信仰。

世界各国都在经济发展的同时，不约而同把推动阅读放到了重要位置，并且把举办自己国家的各种阅读节（日）作为重要的手段。比如，美国于2015年9月5日举行了第15届国家阅读节，主题是"我的生活里不能没有书"，国会图书馆邀请175位作家、诗人与读者共襄盛举。除了阅读节，自1997年开始，他们把儿童文学作家苏斯（Dr.Seuss）3月2日的生日定为美国的全美诵读日。每年都有数千万人参与阅读与朗诵的活动。2014年约有4500万学生、父母和教育工作者参与这个活动。德国从2004年起在每年的11月举行"全国读书日"活动。志愿者们在幼儿园、学校、图书馆，甚至在

火车和市区步行街上，为别人朗读书籍。如今，"全国读书日"已成为德国最大的读书节日，以此为荣的志愿者充满激情地捧书朗读，极大地推动了全民的读书热情，并带动孩子们进入书中的奇妙世界。

法国更是一个重视阅读的国家，仅各类文学奖就有2000余种，如龚古尔奖、花神奖、费米娜奖等。法国于1989年创办了国家读书节，于每年10月14日至16日举行，3天的活动分别被命名为"阅读疯""书香时代"和"欢乐中的阅读"。读书节的活动有很多，如"文学之夜""一城一书"等。

033

书香
中国

　　法律是"硬文化"，文化是"软法律"。为阅读
立法为"硬"，为阅读设节为"软"。"软""硬"兼施，
互相助力，才能够从多角度、多侧面强化公众对阅
读的认可，在全社会营造更好的阅读氛围。

在世界上有"最爱阅读的国家"美誉的俄罗斯，1.4亿俄罗斯人的私人藏书多达200亿册，每个家庭平均藏书近300册。即使如此，俄罗斯政府仍痛感国民阅读量下降。2012年，俄罗斯政府在国家范围内采取紧急措施，制定《民族阅读大纲》，促进俄罗斯读书人数量的快速增长。这一大纲的实施调动了俄罗斯联邦政府各个部门、地区行政机构、社会团体、出版企业、传媒、作家协会等各方力量，并以国家法律作为保障。

此类重视阅读、把全民阅读作为国家战略的国家，越来越多。

最近几年，我国在国家领导人以及社会各界人士的倡导下，"全民阅读"已经引起广泛的重视。但是与发达国家相比，我们的差距仍然很大。我建议，可以采取以下做法加大力度推广全民阅读活动：

第一，成立国家全民阅读指导委员会。第二，设立国家阅读节。第三，各级领导干部应该亲自倡导和推动全民阅读。第四，大力加强各级各类图书馆建设。第五，认真做好优秀图书的推介工作。第六，开展多种形式的阅读评比活动。

034

我们需要重建阅读信仰。社会需要诚信，人们需要信仰。读书会让人知道世界的深奥，会让人明白自己的无知与渺小，会让人产生敬畏之心。而敬畏之心是建立信仰的重要基础。这一切不需要刻意而为，会在读书中自然而然形成。

白岩松曾在一个对话节目里说："读书久了，你总会信一些什么，信一些什么就有了敬，有了畏。"其实，"信"就是生活的勇气、生活的信心、生活的信念。人是需要有信仰，有敬畏心的。德国作家黑塞说："如果从阅读的时间里没有迸发出一点儿力量的火花，没有出现愈发年轻的预感，没有给读者散发出一丝新鲜有活力的气息，那么这样的阅读时间就被浪费了。"记得我上大学时，曾经读过一本日本医学改革家德田虎雄的著作《产生奇迹的行动哲学》。这本书让我知道，理想是人前行的灯塔，而行动才能把理想变成现实。

我发起的新教育实验，之所以能够坚守理想主义与行动哲学，与这本书有着直接的关系。那些伟大的著作，一直陪伴着我们的人生。它像照耀我们的太阳一样，让我们的人生温暖而有方向。即使在漆黑的夜晚，太阳也从未离开我们，它照耀另外半个星球，照耀那些需要阳光的人们。再黑的夜，我们心里也有太阳的光芒。

035

再好的酒，在最好的书面前总会黯然失色。
一旦社会弥漫着书香，精神就会充盈着芬芳，
这样的世界自然就是更为美好的世界。

20 世纪 50 年代初，韩国曾经发起"以书柜代替酒柜"的运动。韩国在经济起飞之后，许多富裕的家庭都拥有了酒柜，但没有书柜，所以就有了这个口号。我一直梦想着，有一天中国所有的家庭至少有一个书柜，所有的家庭都成为"书香门弟"。什么叫"书香门第"？中国古代的书都如传家宝一般代代相传。父亲喜欢什么样的书，传递给孩子，父子间就有了共同语言，所以家庭阅读很重要。

学生的精神世界如何，在很大程度上与他们的阅读生活有关。学校图书馆就是青少年的精神食堂。我希望，有关部门能够建立科学的中小学图书馆的基本配置，这是保障我们国家青少年健康成长的基本精神营养。希望有关专家和部门携起手来一起做这件事，为书香飘逸校园尽一份力。

尽管现在很多单位的图书馆（阅览室）已经取消了，但我还是建议每个单位要有图书馆（阅览室），它们可以在工作之余成为员工们的"精神加油站"。现在各地为客房提供书籍的宾馆越来越多，宾馆客房里要设置小书架，要有一二十本好书和新书。如果有一个城市用心去做好这件事，那么，这个城市里住着南来北往的旅客的宾馆，完全可以成为流动的"精神驿站"。

"农家书屋"应该建设成为乡村的"精神驿站"。我建议应该把"农家书屋"与乡村小学相结合，把书屋建到乡村小学里。让村里的孩子有书读、多读书、读好书。

036

　　阅读的魅力在很大程度上是帮我们拓展了生活的时间和空间。你可以和任何一个时代的人去对话，可以在任何一个空间生活，甚至不是以旁观者的身份。阅读可以有很强的代入感，融入其中的生活，这种感觉非常让人享受。

　　文学是人学，属于每一个人。对于技术工人来说，文学也同样重要。当然，技术教育中的文学教育，不是像文学的专业教育那样注重纯粹的文学知识，而是应该"致力于让学生享受文学带来的乐趣"。英国哲学家、数学家怀特海认为，学生们从文学中学到了什么并不重要，重要的是他们能够从文学欣赏中感到乐趣。他严肃批评了当时的学校只注重文学知识的学习而忽视享受文学的乐趣的现象："学校的孩子们需要应付关于莎士比亚戏剧的考试，他们从文学欣赏中获得的乐趣受到了某种损害。"他甚至愤怒地表示，"应该起诉这些大学犯有谋杀灵魂之罪。"怀特海表示，人的智力享受主要包括创造的享受和休闲的享受两种形式，而文学恰恰能够带给我们这两种形式的享受。从创造性来说，"文学欣赏确实是一种创造。那些写下的美丽词句，它的音乐感、它引发的联想，都不过是刺激因素。它们所唤起的图景，好像我们自己生活在其中，除了我们自己，任何人、任何天才都不能使我们的生活生动活泼起来"。从休闲性来说，文学对于大多数人来说，都是一种休闲，"从事任何职业的人，在其工作时间某些方面往往受到抑制，而文学能够使那些受到抑制的方面得以放松"。所以，对于技术教育来说，文学的阅读也是不可或缺的。

037

文字与城市是人类最重要的两个发明。一个城市的美丽，一个城市的魅力，不是取决于它的高楼大厦，而是取决于它的市民的气质与品位。而阅读，最能彰显市民的儒雅、宁静、从容的气质。这样，文字的阅读与城市的魅力就合二为一了。

夏末的一天，我参加了华东师范大学出版社"大夏书系十年典藏版"首发式活动，感受到上海书市的热烈气氛，非常感动。如果说北京的书市是出版界业内的节日的话，那么，上海书市则是百姓市民的盛典。相对而言，我更喜欢上海书市的平民气质。在这书的集市上，熙熙攘攘的人群在排队买书、等待签名、聆听讲座、分享阅读的经验，这有关精神食粮的购买和在超市里选购生活所需的日常用品并无二致，在平常中显出了亲近。

在愉悦温馨的氛围中，我很快就结束了演讲，把更多的时间留给与现场观众交流。从这二十分钟里七八位观众参与的互动交流来说，表面上看，是我回答了大家的疑问，从另一个层面来说，同样也是我在收获。正是在这样朴素、简单又隆重、热烈的阅读活动中，在这样心与心的直接碰撞中，我感受着人们对阅读的热情，对成长的渴望，对未来的期望。

我相信，当书市真正像超市一样日常而普遍，书单像菜单一样丰富而多元，当每一个大人和孩子都热爱着阅读，每一个家庭都洋溢着醉人的书香之时，我们的生活会拥有更加深邃而持久的幸福。为了这样的明天，需要我们今天共同努力。

038

善于读书的领导，往往知识面比较宽，决策比较理性，这些会直接影响到工作的效率与效果，甚至会影响到一个部门或者一个城市的命运。领导干部读书具有示范作用，会直接影响到一个部门甚至一个城市的阅读风气。

我曾经在苏州担任过分管文化、教育、新闻出版、妇女儿童、计划生育、科技、城市管理等工作的领导。每个领域都有许多事情需要"拍板"，这时就明显感到知识恐慌，不说外行话已经不容易，要做出正确的、有前瞻性的决策就更不容易。所以，我一方面订阅了分管领域的报刊，及时了解行情动态；一方面依靠专家的力量，读专家的"外脑"。

　　林肯虽然接受正规教育的时间不足一年，但他广泛阅读哲学、科技、宗教、文学、法律和政治等方面的书籍，最终成为美国历史上著名的总统之一。杜鲁门也没有上过大学，但他热爱阅读《大英百科全书》、狄更斯和雨果的小说、莎士比亚戏剧等等，广泛的阅读、科学的决策让他能够带领美国实现战后的繁荣。他曾说："不是所有的读书人都是一名领袖，然而每一位领袖必然是读书人。"

039

一个城市最美丽的风景，应该是阅读的风景。城市的美丽不仅仅在于外在的山水、树木、街道、建筑的感官之美，更在于城市内在的思想之美、文化之美。

　　2021年08月21日，《深圳特区报》发表了一篇文章——《深圳以创新优质均衡服务打造"图书馆之城"——千馆之城 诗意栖居》。文章指出，8月19日，国际图书馆协会联合会公布了2021年"绿色图书馆奖"最终入围名单，开馆仅两年多的深圳市坪山区图书馆荣获此奖，也是当年国内唯一一所获此殊荣的图书馆。据报道，建设"图书馆之城"的深圳，如今已是"千馆之城"，全市共有各类公共图书馆（室）、自助图书馆1012个。公共图书馆（室）包括1个

中心馆 + 11 个市、区馆 + 698 个基层馆，自助图书馆包括 235 台城市街区自助图书馆 + 67 个书香亭。这些星罗棋布、遍布全城的公共图书馆横向联合、纵向辐射，让市民身处"图书馆之城"，随时随地享受图书馆服务。同时还有许多设计精美、主题鲜明、富含科技感的新型阅读空间，如坪山区图书馆"大家书房"。希望中国有更多的城市重视图书馆建设，这是市民的学习中心，是城市的精神高地。

040

学校的教育和学校的教科书、教辅书不可能替代孩子成长的精神食粮，就像母乳不可能伴随孩子终身。6个月以后的孩子，光靠母乳，一定会发育不良的。孩子需要自己的精神食粮，精神的成长依赖于不断阅读适合年龄发展的优秀作品。

美国学者吉姆·崔利斯在他的教育经典著作《朗读手册》中引用过一首诗："你或许拥有无限的财富，一箱箱的珠宝和一柜柜的黄金，但你永远不会比我富有——我有一位读书给我听的妈妈。"《朗读手册》中提到一些具有借鉴意义的事例，如珍妮弗出生时患有唐氏综合征，但她的父母没有放弃她，而是抓住所有可能的机会给她读故事。等到珍妮弗4岁时接受智商测验，智商已高达111分。

艾琳从出生第一天起，她的妈妈就给她读书；15 个月时，艾琳每天的"阅读量"达到 30 本书左右；21 个月时，艾琳已经可以说出完整的句子；24 个月时，艾琳已经知道 1000 个单词……给孩子朗读竟有如此神奇的效果。许多妈妈知道孩子有喝奶的生理需要，都不知道孩子有精神成长的需要。在孩子成长的关键时期，母亲的儿歌、童谣、故事等，是给孩子一生最根本的营养，是最重要的礼物。

041

无限相信书籍的力量，这是教育应该恪守的宗教教义般的信条。只有阅读成为学校里最日常的行为，阅读才是真正成为教育最神圣的使命；学校才能真正成为丰盈心灵、强健精神的育人之地；青少年的生命也会在与最伟大的作品的碰撞中，绽放出夺目的精神之光。

2007 年，敖双英自费参加了在山西运城召开的新教育实验年会，开始了她的寻梦之旅。作为山区教师，她当时的月收入还不足 2000 元，但她倾其所有、聚沙成塔地"武装"着自己的教室：3000 多册经典童书、电脑、网络设备、投影仪、扫描仪、打印机……虽然身在山区，但她的学生们拥有了与名校一样优质的学习生活条件。每天早晨6:50，师生们开始雷打不动地晨练：一边锻炼，一边在晨曦中吟诵诗歌、演唱歌曲，在山顶诵读、讨论。放学前半小时、餐后一小时的傍晚时分则是阅读时间，他们或是在教室看书，或是在花坛读书。入夜，她组织学生进行读书心得交流，孩子们争着分享所得、展示自我，师生们其乐融融。她以前教过的部分学生也时常返回学校"传经送宝"，他们被聘请为小辅导员。丰富的课堂、立体的阅读、长期的坚持，使得她的这群最普通的山村学生个个身手不凡。孩子们相继在省、市、县里的写作、书画、文艺大赛中获奖；他们的写作绘画作品也陆续发表在十几家报刊媒体上……而敖双英本人则获得了"完美教室缔造者""最美乡村教师"等称号。

042

一位教师的阅读史，不仅是他的精神底色，也是他的教育蓝图。为此，新教育主张教师要有"吉祥三宝"：专业阅读，站在大师的肩膀上前行；专业写作，站在自己的肩膀上攀升；专业交往，站在团队的肩膀上飞翔。其中，专业阅读是最基础最关键的行动。

卢志文，知名教育专家，早在 2002 年教育在线网站上线时，他便成为"卢志文在线——教育管理论坛"的版主，在这里深耕细作，与各地校长们交流对话，畅谈教育经验，持续了很多年。2004 年暑假，新教育实验第三次全国大会在卢志文的学校召开，他举重若轻，圆满地完成了组织会议的任务，也让教育界的朋友们第一次走进翔宇，认识卢志文。而卢志文，从此也与新教育真正结缘。2007 年，卢志文领导的宝应实验小学成立了校中校的

新教育实验基地小学，一群新教育研究中心的研究人员正式进驻宝应，在这里探索"晨诵、午读、暮省"的新教育儿童生活方式，探索教师"专业阅读、专业写作、专业交往"的"三专"模式，探索理想课堂的构建。"新教育开放周"等也在这里起航，而卢志文负责研究中心的后勤保障。后来，卢志文担任了新教育的"三军统帅"，兼任新教育研究院院长、新教育理事会理事长和新教育基金会理事长，挑起了新教育的重担，在新教育的路上从容不迫地走下去。

043

专业阅读的教师对学生的影响是温暖而持久的。教师是教学生学会阅读最关键的引路人。拯救阅读，应该从拯救教师阅读开始。领读学生，教师要先领读自己。要认识到无论处于多么不如意的教育环境，无论所面对的是怎样令人焦虑的教育现实，都应该通过专业阅读，让自己丰富起来、温润起来、强大起来，站在大师的肩膀上前行。

2007 年春，张硕果作为焦作市教科所的一名普通教研员，来到贵州遵义凤冈县进行了为期一个多月的支教活动。当时的她并不知道，这次特别的经历将影响和改变她整个的教育生命。张老师说："这段特别的经历，开启了我教育生命的另一串密码。"

经过这次支教的历练，她真实地感觉到，只有把自己的生命融入孩子的生命，只有让自己的生命激情点燃教师的激情和梦想，给孩子带来真正的成长，才是最有意义的教育人生。当时和她一起支教的研究中心专家如"秋叶"（本名刘洁）等人都没有很高的学历，也没有什么称号，但是他们每一个人都把教育视为生命，都在疯狂地读书、疯狂地工作、疯狂地生长。在这样的团队氛围中，张硕果也很快被大家感染，抱着书一本本地"啃"起来……回到焦作后，张硕果开始推广新教育儿童课程。越来越多老师被唤醒，开始了新教育变革。教师的教学方式开始改变："晨诵、午读、暮省"的新教育儿童生活方式、读写绘和阶级阅读、师生共写随笔……他们从日常教学中突围，选择了全新的专业成长方式，而他们的改变也让孩子们更多地徜徉在美好事物中，教育变得更加润泽而美丽。

044

　　校长的书柜里装着学校的未来，校长的
阅读度决定着学校的高度，校长理应是书生。
对校长这个特定的人群来说，他们阅读的出
发点与归宿是为了理解教育，明白管理，做
视野宽广的卓越教育管理者。

高万祥，曾任江苏省张家港高级中学校长。他被戏称为"书库中的书虫"。因为他家的书房就是一个小型图书馆，所有的墙面都已经被书橱覆盖，从地面到天花板，书橱里几乎陈列着人类古今中外文明的思想精华。书籍不仅是高万祥与朋友交往的通行证，也是他与学生沟通的重要载体。2000年7月，刚刚担任张家港高级中学校长的他给首届高一新生的录取通知书里夹了一封"走进名著世界，你才能享受到精神富有的欢乐"的公开信，还附有一份"张家港高级中学学生必读书目"，并对学生的假期读书提出了具体要求。信末的署名是："你的书友、校长：高万祥。"

这是他给学生的第一份礼物，从此，学生与书结缘，也与这个爱读书的校长结缘。正是书给了高万祥灵魂，给了老师灵魂，给了学生灵魂，整个学校也因此充满了书香。他是校长，更是一个书生，一直徜徉在书本的浩瀚星空之中。退休以后，高万祥办起了一个小小的"私塾"，和孩子们一起读书、写作，他的读书精神仍然感染着身边的每一个人。

045

把读过的书说出来，把书面的阅读用口头的语言表达出来。无论是复述故事内容，还是续编新的故事，让孩子开口讲书，不仅仅能够培养他们的阅读兴趣与阅读能力，而且能够培养他们的表达与沟通能力。

作家周国平在繁忙的研究和写作之余，总是拿出大把的时间陪伴女儿，从女儿出生开始，他就用心地记录她成长过程中的种种可爱表现。他说："做女儿秘书是爸爸的第一职责。"而他女儿也因为他的"秘书"角色而"当仁不让"，甚至严肃地对爸爸说，以后出书时，封面上不能写"周国平著"，只能写"周国平记述"，因为书中的话是她说的。

　　周国平在书中提到，在女儿的眼里，万物都是伙伴，所有的东西都是有生命的。看到圆圆的月亮，女儿会说："月亮把太阳吃进肚子里了。"看到天上下雪，女儿会说："天在做手工，纸屑撒下来。"此外，还有"口腔是牙的房顶""路灯没有睡，路灯要等天亮才睡""我们的心就是相机"……

　　多么奇妙的形容！你能相信这些话都出自一个4岁的孩子吗？正如周国平所说，孩子是天生的诗人。作为诗人的儿童，应该生活在诗歌、童话、故事中，听故事和讲故事是培养孩子好奇心、想象力和语言能力的重要途径。作为父母，特别要鼓励孩子自己编故事、讲故事。

046

生活在不同的语言里，就是生活在不同的世界上；共读一本书，就是创造并拥有共同的语言与密码。共读，就是和读同一本书的人真正生活在一起。所以，新教育实验倡导亲子、班级共读，通过共读一本书，共写心灵真诚的话语，实现师生之间、亲子之间、同学之间乃至老师和家长之间真正的共同生活。

想象一下，你和孩子手牵着手在花丛里漫步、在山水间穿行的情景，那是多么惬意、多么温馨、多么幸福。同样，"手牵手在相同的语言世界里周游"，我们的惬意、温馨、幸福感，并不亚于与孩子在大自然的世界里周游。日本作家松居直说，虽然他的工作非常繁忙，但是坚持为孩子念了10年书。书籍，往往是他们晚饭以后的"甜品"。孩子有一个"精神"的肚子，同样需要"食物"来填补。儿童的身体在汲取营养的同时，他的心灵也需要汲取营养。

"手牵手在相同的语言世界里周游"，意味着亲子之间、师生之间会形成精神的默契，形成共同的语言、密码、价值和愿景。"孩子们会一直记住他们听到的语言，特别是快乐的语言。"松居直说。当他的孩子长大成人，准备结婚的时候，他问儿子："结婚的对象是谁？"儿子回答："奥里。"这就是父子之间的密码。因为儿子小时候最喜欢的图画书《海里的妖怪奥里》中的主人公就是奥里。所以他说，和孩子一起阅读时的愉悦是一种长情的记忆。它"一定会留在什么地方，经过岁月流逝，这种愉悦会变成语言出现"，念的人和听的人都会永远记得一起手牵手在同一本书中漫步、在相同的语言世界里周游的场景。书，是两代人的精神桥梁，他们因此心心相印、长久相守。

047

并不是所有的书都是人的精神食粮，都能滋养学生的心灵。那些不好的书可能成为精神毒药。英国作家菲尔丁说："不好的书也像不好的朋友一样，可能会把你戕害。"止庵先生也说："读一本坏书就像去垃圾场转了一圈，而你却认为自己是去旅游了一趟。"从现实生活来看，坏书也是人生歧途的铺路石。

由于儿童对世界的认识才刚刚开始，缺少最基本的辨别力和洞察力，他们最初看到的童话所蕴含的任何信息和知识都会对他们的价值观和思维方式产生巨大的影响。正如格林所说，有个孩子向前走去，他最初看见的东西，他就变成了那个东西，他就成为那个东西的一部分。这是一种刻骨铭心的印记。在这个意义上，并不是所有的童话都适合儿童。

正如心理学家阿德勒所说，即使内容在教育意义上没有太大的问题，也会有"儿童对产生于特定时间和地点的童话故事有一种遥远感"的问题。所以，在为儿童选择图书的时候，我们应该考虑尽可能不要给他们看"儿童不宜"内容的读物，而要给予充满阳光与温暖的正能量读物。

在生命的每个时期，大地都是打开的书页，我们的脚印就是写下的一个个文字，最终书写出我们自己的故事。

阅读与成长

048

每一个职业都有自己理想的阅读史。读什么，在很大程度上影响着我们会成为什么样的人。在人生的不同阶段，总有一些伴随着我们前行的书籍。这些书如日似月沿途相伴，让我们不再胆怯、不再孤单，坚定地行走着、跋涉着。

049

在生命的每个时期，大地都是打开的书页，我们的脚印就是写下的一个个文字，最终书写出我们自己的故事。知行合一，由阅读而行动而创造，是阅读的价值所在，也是生命的意义所在。

当苏静还是一个20岁出头的姑娘时，她便任教于青岛嘉峪关小学，担任语文老师兼班主任。通过不到一年的教学，苏静便让一个全校无人敢接手的"麻辣班"脱胎换骨。70个孩子齐刷刷地爱上古典诗词。他们不仅能轻松背诵百余首诗词，赏诗论诗侃侃而谈，还能在两三分钟内挥笔而就一首词整句工的诗作，令人叹为观止。而这个班毕业时，语文成绩也由过去的年级倒数第一变成了全年级榜首。后来，苏静成为苏州大学的硕士研究生。3年的研究生学习让苏静更加成熟和理性，她一边研究诗教理论，一边进行诗教实践。3年间，许多新教育实验学校都留下她授课研讨的足迹，她的硕士毕业论文也是以诗教为题。2006年，从苏州大学毕业的苏静回到故乡青岛，成为青岛大学师范学院小学教育系的老师。此后的苏静，以大学教师和新教育"儿童诗意课程"公益项目组负责人的身份，开始了儿童诗意课程的进一步研发和实践。她带领着一群和她一样的青年志愿者教师，利用节假日走进偏僻的大山，也走进繁华的都市，从讲授课程到修改教案，再到教师培训，为新教育实验区的老师和孩子们送去诗意的温暖。2014年，苏静以优异的成绩考取了湖南师范大学教育学博士，4年后顺利毕业，获得博士学位。她的博士论文仍然立足于诗教和人才培养，并选择了新教育榜样教师飓风（郭明晓）作为案例，对其生命叙事进行了细致深入的研究。作为大学副教授和硕士研究生导师，苏静一直带领着自己的研究生进行新教育各个领域的广泛探索，进一步丰富新教育的理论与实践成果。

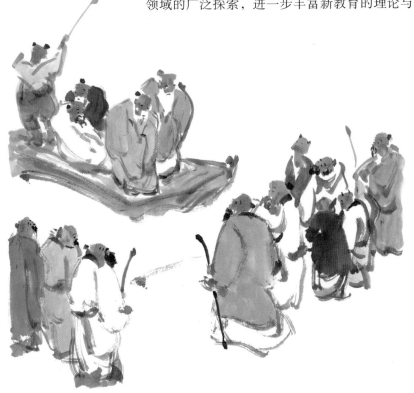

050

　　生活节奏越是匆促，越需要保持从容的心境。精神世界污染越重，越需要浸染一份醉人的香氛。

051

每个人的精神成长历程，在一定程度上重演了整个人类精神成长的历程。人的智慧、人的思想是无法通过基因遗传的，也无法像机器人一样通过芯片置入。尤其是作为情感熏陶、价值观涵养的阅读，没有个人的深度阅读与思考，是很难做到的。

每一个当代人都是重复着前人的历程，如果没有这样的重复，也就是说如果没有阅读的生活，我们的精神就会退化，就会萎缩，就会衰落。没有个人的深度阅读与思考，我们这一代人的精神高度远远比不上我们的前辈，比不上文艺复兴时代，甚至于还比不上春秋时代，所以这是一个非常值得关注的问题。阅读尤其是阅读那些最伟大的著作，往往才有可能让我们的精神有真正的高度，所以阅读的价值和意义对个体来说就在于此。

052

　　通过阅读，与那些最伟大的思想、最伟大的智慧对话，不仅是个人精神成长的必修课，也是整个社会进步的重要路径。不仅机器无法替代人阅读，人自己也无法替代别人进行阅读。

053

越是繁忙，越需要心的闲适；越是喧哗，越需要心的安宁。只有阅读，才能为自己建一个安顿心灵的家园。

　　国学的经典著作，我们经常说它是大智慧，它是可以帮助我们安顿心灵的，它会帮助我们去解决为人处事的问题，解决生活中各种各样的困境、各种各样的矛盾，应对各种各样的挑战。孟子的大丈夫精神、庄子的逍遥境界、老子的得失平衡观念、孔子《论语》的人和人之间和谐相处之道，不同的经典中蕴含的思考都能够帮助我们缓解现代生活中的各种压力、各种冲突。所以我觉得元典（比经典还经典）之所以是经典，而且是更适合我们中国人阅读的经典，是因为它是在中国土壤里面长出来的，它跟西方的经典具有不太一样的特点。西方的经典更注重理性的精神、逻辑的严密，更注重思辨。但是中国的元典更多针对人自身的生存来谈，无论是儒家、道家，还是佛家，都是更适合我们中国人心灵的安顿。

越是繁忙越需要心的閒適越是喧嘩越需要
心的安寧只有閱讀才能為自己建一個安頓心
的家園 王蒙著 錄朱永新先生句

靈山紹昌於金堂

054

高人总有高明之处。请教高人，应该请教他们读了什么书。正是他们读的书，建构了他们的大脑，影响了他们的人生。

　　一般人都认为马斯克是一个无法效仿的天才，他创办的多家公司所涉及的领域各不相同。从火箭科学、工程建筑、隧道、物理、人工智能到太阳能和新能源，每个领域都有革命性的突破。其实，这一切的背后，与他"广泛涉猎各个科目"并且能够融会贯通有着密切的关系。据马斯克的弟弟介绍说，从十几岁开始，马斯克每天都会阅读两本书，阅读范围涉及科幻小说、哲学、宗教、编程以及科学家、工程师和企业家的传记。随着年龄的增长和职业兴趣的变化，阅读领域又扩展到物理、工程、产品设计、商业、技术和能源等方面。有人称马斯克为"现代博学者"。所以，他在与经济学家钱颖一先生对话中，建议大学生们文理融合、广泛涉猎、融会贯通，主张工科学生不妨去学一点经济学、文学和其他领域的知识。有研究发现，历史上各个时期最重要的 20 位科学家中就有 15 位是博学者。而世界上5家知名公司的掌门人，从比尔·盖茨、史蒂夫·乔布斯、沃伦·巴菲特到拉里·佩奇和杰夫·贝佐斯都属于"现代博学者"。他们都能够做到每周至少花5个小时学习，在许多不同的领域进行广泛学习，并且理解连接这些领域的更深层次的原则和思维模式。将不同领域的知识融会贯通就很容易产生奇思妙想，这是所有创新和创意的不二法则。

055

书籍是思想的"矿藏"，通过阅读和伟大的思想"交锋"，能"雕塑"我们的品位与气质；书籍是智慧的"水库"，通过阅读"接住"智慧的澄澈之水，能擦亮我们的品相与灵性；书籍是情怀的"花树"，通过阅读感受高蹈、澡雪之美，能"明净"我们的品德与人格——阅读对于个体的精神成长至关重要。

056

　　人的智慧和思想没有办法从父母那里通过基因来拷贝、遗传。外在的相貌和物质的构成基于遗传而无法改变，但人的精神可以因阅读而蓬勃葱茏、气象万千。阅读能够在超越世俗生活的层面上，建立起精神世界，使人超越动物性。

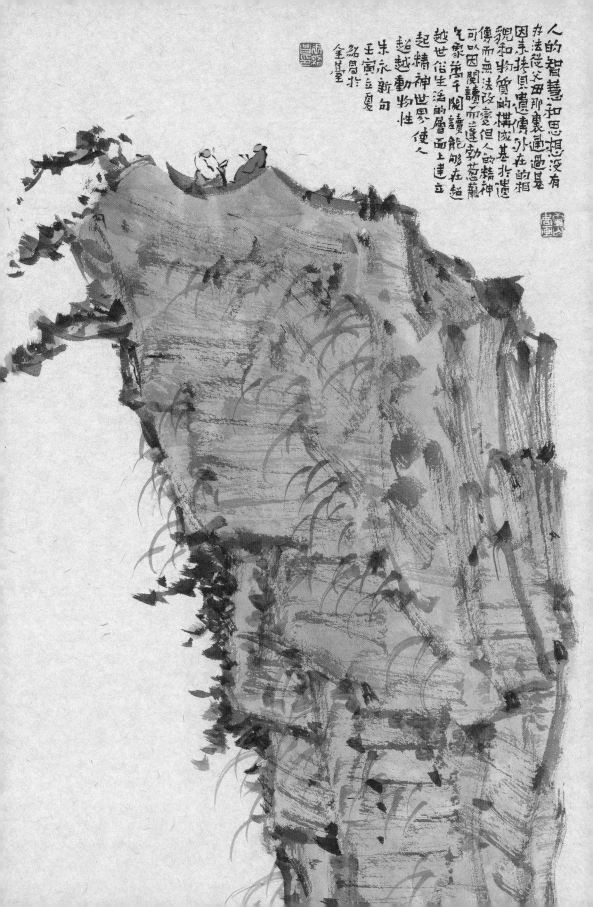

人的智慧和思想没有
办法从父母那里通过基
因来接受遗传外在的相
貌和物质的构成基於遗
传而无法改变但人的精神
可以因阅读而达勃兹勃
气象善于阅读能够在超
越世俗生活的层面上建立
起精神世界使人
超越動物性

朱永新句
壬寅立夏
鉻昌於
金日堂

057

　　家里的书再多都不属于你。没有被阅读的书就是废纸。书的生命是被阅读吻醒和激活的。

有一年我到日本去访问，在一个城市的图书馆外看到工人们把很多的书装到车上送往造纸厂，就前去询问原因，馆长说："这些都是连续10年不被人翻阅的书，就相当于废纸。"

目前我国学校和学生的图书拥有量还很少，民众阅读相当匮乏。我国每年出版的图书超过30万种，但是户均消费图书只有1.75本。作为世界上最大的图书生产国，我们却又是人均阅读量最少的国家之一。不仅仅是普通民众，大学生也没有阅读习惯。据复旦大学的一个调查：大学生阅读本专业经典著作的只有15.2%，阅读人文社会科学经典著作的仅有22.8%，阅读专业期刊的只有9.3%，阅读外文文献的更是只有5.2%。而西方的大学生，平均每周阅读量至少是500页。大学是怎么上课的呢？不是"满堂灌"，不是学生"课堂上记笔记、考前背笔记、考后全忘记"。大学首先是重视阅读，在有了共同语言的前提下再进行接下来的课程，这是建立在阅读基础上的对话。而我们的有些老师甚至二三十年来都拿着同样的备课稿去给学生们讲课，被人戏称为"拿着一张教育的旧船票每天重复昨天的故事"。没有阅读的学校，培养出来的学生也很难有阅读的习惯。面对未来的社会和挑战，他们将很难有完整的精神生活和充实的人生。

058

阅读
成长

当一个人把阅读作为一种生活方式时，他就有了一种精神的饥饿感。有精神饥饿感的人，阅读就是刚需，就会主动、自觉、自愿地阅读。

汉代刘向曾经说："少而好学，如日出之阳；壮而好学，如日中之光；老而好学，如秉烛之明。"这句话的意思是一个人少年时好学，就像早晨初升的太阳一样光辉灿烂；壮年时好学，就像中午的太阳一样光芒万丈；老年时好学，就像点燃的蜡烛一样，能够照亮黑暗的屋子。阅读也是如此。虽然我们很多人由于各种原因，错过了中小学的黄金阅读阶段，但是进了大学或者入了职场，都还可以开始阅读，甚至人到中老年，也可以像英国当代青少年文学大师艾登·钱伯斯说的那样开始阅读生活，"成为一位真正热爱阅读的读者是永远不会太晚的"。我们这代从农村走出来的人，大部分是从大学时代才开始真正阅读的。当然，艾登·钱伯斯还提出了两个附加的条件，一是要养成阅读的习惯；二是要有一些随时可以拿到的书籍。对于现代社会的人来说，满足这两个条件不是困难的事情，坚持每天拿出半小时、一小时读书，把阅读作为精神的运动，作为自己最重要的事情之一，这是每个人都能够办得到的。现在还可以线上阅读了，最重要的还是保有阅读的愿望，保有精神的饥饿感，这又取决于是否真正享受过阅读带来的幸福，享受过精神风景带来的愉悦。

儿童阅读

059

童年的秘密我们远远没有发现，童书的价值我们也远远没有认识。童书把人类最美好的东西，都悄悄地藏在一个个人物、动物的命运里，借此构建孩子的价值观。

060

阅读是有"胃口"的，一开始让孩子吃"肯德基""麦当劳"，慢慢地，其他东西就不爱吃了，他只对"肯德基""麦当劳"感兴趣，他不知道世界上还有其他好吃的东西。读书也是这样，如果读了一些糟糕的书，对其他的好书就没有鉴赏力了。甄别图书，也是父母和教师的责任与义务。

德国哲学家费尔巴哈曾经说过，人是他自己食物的产物。其实，人的精神成长也与他的精神食物有着密切的关系。阅读的高度决定精神的高度。在很大程度上我们可以说，读什么书就成为什么人。因此，观察孩子正在阅读什么书籍，以及为孩子尽可能选择和提供好的书籍，就显得非常重要。苏霍姆林斯基曾经介绍，他从当教师的第一天开始，就操心这样一件事情：不使一本坏书落到孩子手中，使孩子生活在已经成为本民族和全人类文化瑰宝的那些饶有兴味的作品之中。他认为，这是非常重要的任务，因为一个人一生中阅读的书籍是有限的，"在儿童时期和少年的早期，必须细心选择读物。哪怕孩子读得不多，也要让每本书在孩子的心灵和头脑中留下深刻

印象，使他多次反复阅读，不断从中发现新的精神财富"。心理学家阿德勒也关注到儿童的阅读问题。一方面，他提出要关注那些阅读量大大超过平均值的孩子，其中可能有一些是因为"缺乏勇气"，希望"通过阅读来增加力量"的孩子；另外一方面，他也特别关心孩子读什么书籍的问题，如何防止孩子读不合适的图书、被色情图书所吸引等问题。所以，他提出了三条具体建议：一是让孩子为好同伴的角色做好准备，即为孩子寻找好的朋友与同伴；二是早期性启蒙，满足孩子对于性的好奇欲望，用科学合理的方法进行性知识的教育；三是与父母建立友好关系，即父母要更多关爱孩子，多陪伴、多交流，良好的亲子关系才是最好的教育。

061

没有童话，就没有童年。童话是童年的精神粮食，是童年的珍贵财富。

　　近年来，作为教育大省的江苏在"童话"这片土地上默默深耕，探索实践，将童话作为对儿童进行艺术熏陶、美德教育、情感培养、启迪智慧、发展想象的重要载体，在校园和社会大力推广。由中共江苏省委宣传部、江苏省文明办、江苏省教育厅等多家单位主办的"童话里的世界"童话故事创作大赛，2022 年的主题是"童话中国　童梦未来"。来自 31 个省、自治区、直辖市及海外投稿作品 10 万余篇参赛，作品数量再创新高！孩子们用童话歌颂美好生活、抒发真情实感、表达纯真梦想，展示了新时代儿童蓬勃的精神风貌和向上的熠熠风采。如江苏省沛县中学李鑫然同学的《沁沁的精灵朋友》，讲述了一群可爱的钢琴小精灵为帮助生病的沁沁振作精神、战胜病魔，不惜将自己变成雏菊的感人经历。这篇童话颇有安徒生的《海的女儿》的神韵，清新唯美、令人动容。再如江苏省无锡市和畅实验小学孙辰锡同学的《池塘里的大眼》，讲述了一只叫大眼

沒有童話就沒有童年
有童年童話是童年的糖童年的珍寶童年的食糧

朱永新先生句
王寅五月銘圖

的青蛙和一只叫大钳的螃蟹，在面对池塘被洪水冲毁时做出的两种不同的选择——一个去看世界，一个建设家园。小作者用辩证的思维告诉我们：远行不是逃离，同样需要勇气；留守不是懦弱，而是无私奉献。无论哪一种选择都如作者所言："这个世界需要有人远行，但也需要有人建设家园！"传统文化也成为本次大赛的热点。如江苏省宿迁市泗阳县经济开发区学校姚博伟同学的《"粮"字遇险记》，通过叙述"粮"和"狼"换了偏旁后一连串离奇的遭遇，让我们感受到中国汉字的博大精深。同样是写汉字，江苏省常州市新北区奔牛实验小学徐锦烨同学的《仓颉之国》，通过仓颉王国里的一场病毒大战，告诉我们汉字构造的严谨和丰富的内涵，情节跌宕起伏、扣人心弦。

062

"孩提时所有的书都是预言书"，早期阅读塑造着儿童的精神趣味与人格倾向，也多少预测着他的未来。

　　我的父亲是一位小学老师。从我读小学开始，他每天早晨5点左右把我从床上叫醒，练习写毛笔字，吃完早餐以后和他一起去学校。虽然没有成为书法家，但是我养成了每天早起、读帖、练字的习惯。早起，是父亲给我的最大的一笔财富。每天，我比许多人多了两三个小时的阅读写作时间。我的母亲是一名乡镇招待所的工作人员。我们全家住在母亲工作的地方，帮助她一起打理招待所的许多事务。那时家里没什么书，除了我拼命去搜罗、寻觅来的图书，南来北往的客人们随身带来的书籍，也成为我最初的读物。因为许多客人第二天就要离开，我往往不得不连夜读完借阅的书籍，养成了快速阅读的能力。也正是这样的早期阅读，塑造了我，让我身处小镇，却对大千世界有了强烈的好奇。后来我在1978年考上大学，这和我童年养成的阅读能力密切相关。当然，上大学后有了图书馆，读书的环境就大大改善了。我几乎每天清晨5点半起床跑步、读书，每天下午一下课就去学校图书馆抢位子。我记得，当时在大学里，除了各种与专业相关的经典名著，我还读了大量文学和传记类书籍，后来慢慢树立了推动阅读、推进教育的人生梦想。多年来，我写作的一系列以推动阅读为基础的专著，已经翻译为英语、法语、德语等27种语言正式出版。2016年，全球最大的教育出版集团麦克劳·希尔出版了16卷本的《朱永新教育作品》，其中就包括《我的阅读观》等阅读专著。

063

好奇心是打开未知世界的一把钥匙，也是阅读最重要的动力。满足好奇心是发展好奇心最有效的路径，知道自己不知道是让自己知道得更多的最深刻诱因。只要对世界充满好奇，自己就会去寻找答案，就会走进书籍的世界。所以，满足好奇心是激发儿童阅读愿望最重要的秘诀。

好奇心不仅是个体学习的内在动机、个体寻求知识的动力，也是创造性人才的重要特征。哲学家培根说："知识是一种快乐，而好奇则是知识的萌芽。"科学家爱因斯坦说："好奇心是使科学工作者产生无穷的毅力和耐心的源泉。"教育家苏霍姆林斯基则说："求知欲，好奇心——这是人的永恒的、不可改变的特性。哪里没有求知欲，哪里便没有学校。"的确如此，由于对苹果落地的好奇，牛顿发现了万有引力；由于对水壶上冒出的水蒸气的好奇，瓦特改良了蒸汽机；由于对袜子颜色争论的好奇，道尔顿发现了色盲。人类的许多科学发现与发明，都与好奇心有关。"问题"是打开世界之门的钥匙，好奇心是学者最重要的品质。我们应该像呵护自己的眼睛一样，保护、珍惜、激发孩子的好奇心。

064

孩子是由大人牵手进入阅读的世界的，无论是自觉的引导，还是无意的带领，大人在孩子阅读方面的作用无论怎么评价也不为过。爱读书的孩子背后往往有爱读书的父母。儿童是通过榜样来学习的。对孩子说一百遍"给我读书"，不如自己捧起书本读给孩子看，更不如与孩子一起读书。

德国哲学家雅斯贝尔斯曾经说过，教育的本质意味着：一棵树摇动另一棵树，一朵云推动另一朵云，一个灵魂唤醒另一个灵魂。其实，阅读也是如此，只有真正的读者才能培养出读者。一个父母不读书的家庭很难培养出热爱阅读的孩子，一所校长、教师不读书的学校很难培养出热爱读书的学生。我们每个人都有自己的职业，但是"读者"应该是我们共同的称呼。真正的读者是有自己的"味道"，有自己的气质的。腹有诗书气自华，一个人的儒雅气质，不用开口就能够感受到。一个人的学问修养，从言谈举止就能够让人感受到。

所以，阅读是可以"传染"的，可以"模仿"的。记得儿子小时候，我每天早晨伏案工作、阅读写作的时候，他会拿个小板凳坐在我的边上安静地看书。一位热爱阅读的老师喜形于色地谈论自己刚刚读过的书籍，或者与学生一起讨论他们共同阅读的书籍，无疑就会潜移默化地影响学生们的阅读。我曾经说过，有三个人群是天然的阅读推广者——领导干部、教师和父母，对于推进全社会阅读、校园阅读、家庭阅读，他们是最直接、最有效的推动者，他们读了多少书，读了什么书，总会在不知不觉中影响着其他人。所以，特别期待有更多领导干部、教师和父母成为真正的读者，携起手来共同建设书香中国。

065

　　绝大多数人都是通过听故事走进书本的世界，从而成为读者的。许多孩子因为喜欢书中的故事，慢慢认识了书中的文字，借助这些文字，又慢慢走进了其他的书籍，发现了新的故事。所以，儿童阅读其实不是从自己独立的阅读开始，而是从"听读"开始的。父母要把讲故事作为激发儿童阅读愿望的重要方法。

066

　　把最美好的书籍给最美丽的童年。对于缺乏鉴别力的儿童来说，应该尽可能为他们选择最好的书籍，帮助他们养成好的读书"胃口"，日后他们才能拥有真正的鉴赏力。读经典是最保险、效率和效益最高的阅读。

　　书目选择是一件非常重要的工作。读什么，永远是阅读的基础性问题。把最美好的东西给最美丽的童年，"选出的必须是最优秀的部分"，一直也是我们新教育实验在书目研制上的指导思想。在这样的理念指导下，我们已经先后研制了中国人基础阅读书目（包括幼儿、小学、中学、大学、教师、父母、企业家、公务员等）、中国中小学学科阅读书目（包括中小学所有学科的教师、学生阅读书目）和中国中小学项目学习阅读书目（已经完成传媒、戏剧、电影、地球、植物、考古、航天、音乐、心理等）。有意思的是，怀特海特别强调了对于中国经典的阅读，认为如果只选择了希腊的色诺芬而遗漏了中国的孔夫子，是不应该发生的事情。我们在选择书目的时候，也特别强调应该考虑不同的文化、不同的区域、不同的学科、不同的领域、不同的价值维度等，确保阅读书目的多样性和代表性，确保选择书目的经典性与可读性的统一。从阅读数量上来说，少而精无疑比多而滥更好，尤其是对于人们进入精确期的学习阶段来说，更是如此。

067

读书不是为了记忆，不是为了让儿童成为一个会走动的"书橱"。读书是为了让儿童活得更加明白，为了让他们知道有一个更加精彩的世界。

068

最好的学区房就是家里的书房。把家里书房建好，让孩子们热爱阅读，有了阅读的习惯和兴趣、能力，他自我成长的力量远远比父母投资学区房要有效得多。

苏州大学新教育研究院杨帆博士与张秀慧在《中国出版》
（2022 年第 8 期）发表了研究报告《家庭藏书对学生阅读素养的
影响及作用机制》。该研究基于新教育实验和非新教育实验的阅读
相关数据，初步探索了家庭藏书对阅读素养的影响及其作用机制。

研究发现，新教育实验学生的家庭书屋建设情
况比非新教育实验学生更为理想，且其在阅读上
付出的时间更多，阅读素养水平也更高。家庭藏
书不仅可以直接正向预测阅读素养，而且会通过
增多阅读行为间接提升阅读素养。此外，阅读行
为在家庭书屋与阅读素养关系间的中介作用具有
跨学校类型的一致性。这一研究表明：新教育实
验学校学生家庭书屋的建设情况显著优于非新教
育实验学校学生，并且促使学生在阅读上付出更
多时间。建设家庭书屋是新教育实验学校学生具
有更高水平阅读素养的重要原因。

最好的学区房是你家里的书房！为孩子选好
书，与孩子一起读书，一起成长！

069

　　为了培养儿童的思考力，选择一些有挑战性的书籍是非常必要的。有些书读起来明白晓畅、毫不费力，但对儿童来说只是增加一些信息量，或经历了一次娱乐生活而已。有些书读起来却有些费力，甚至是艰难，但是恰恰是这些书，会挑战和提升儿童的理解力。当然，这种难度的恰到好处是很重要的，不能让儿童望而生畏。

　　儿童往往有着对于未知世界的好奇心，有着挑战自己阅读能力的理智感，根据心理学家维果茨基的"最近发展区"理论，"跳一跳"才能吃到的果实，往往有吸引力、最刺激，最有挑战性。所以，父母和教师不妨找一些比他们目前的阅读程度稍高一些级别的书籍，提高他们的阅读期望值。

记得我们小时候就曾经以能够读"大人读的书"而得意扬扬。孩子们读不懂的东西，他们自然会暂时放弃，但是他们也许从此不会忘怀，总有一天会想起来，再次对这些书籍发起挑战。

070

　　童书是儿童认识世界的窗口。儿童通过童书认识世界各种联系和关系，认识各种人物的命运和逻辑。儿童从不同的书中不断地感受真与假、美与丑、善与恶，不断地体验、感受、总结、归纳、概括，从具象走向抽象。所以，没有浪漫的感知，就不可能有真切的哲思。

　　浪漫与精确是相辅相成、互为基础的。在教育的任何阶段，都不能够没有浪漫，也不能没有精确；不能没有自由，也不能没有训练。从一个完整的教育过程来看，浪漫是最重要的基础。这个阶段要给予儿童充分的自由，让他们自己观察，自己行动，积累了大量的感性经验之后，他们自然就会主动进入精确的阶段。《教育的目的》一书中提到："当这个浪漫阶段得到了很好的引导之后，就会出现另一种渴望"

儿童由于缺乏经验而引发的新鲜感已经逐渐消失；对客观事实和理论的基本成分有了一般的认识；重要的是，他们已经能够对得到的直接经验进行独立的思考——包括思想和行动的多次探险。"所以，要给儿童足够的浪漫时间，在他们浪漫阶段的自然法则尚未结束时，不要匆匆忙忙开启精确阶段的训练，这是非常重要的。传统教育的失败，往往就是没有尊重儿童身心发展的内在规律，过早地精确训练，导致儿童得到的仅仅是一堆枯燥无味的"死知识"；甚至会导致他们由于没有真正理解知识而"轻视概念——且又不具备知识"。

071

对于儿童来说，认识人类创造的文字，开启真正的阅读生活，是他成为真正的人的开始，是他进入人类文明的世界的第一步。对于任何个体的生命而言，在人类浩瀚的文字、文化、文献面前，无疑都是太短暂、太渺小了。我们必须心存敬畏。

　　许多事情，只有亲身体验、亲身经历的人才有真实的感受。有些人从来没有真正地认真读过书，或者从来没真正地被书感动过，这样的人是不可能对书籍产生真正的情感的。正如不懂音乐的人，看见人们为音乐如痴如醉而感到不可思议一样。当然，更为可怕的是，有些人不仅仅不理解读书的乐趣和价值，甚至还会"将阅读当做一种病态的、危险的、对生命毫无益处的激情加以谴责"。这种对书籍和阅读的无视与敌视，不仅仅是人类的悲哀，也是他自己的悲哀。因为，离开了文字和阅读，人其实就是一个不完整的人，就不可能享受那些美轮美奂的精神风景带来的心灵的震撼，甚至就沦为与其他动物一样的生命体了。中国古代有"敬惜字纸"的传统。《燕京旧俗志》记载："污践字纸，即系污蔑孔圣，罪恶极重，倘敢不惜字纸，几乎与不敬神佛，不孝父母同科罪。"在古代，"敬惜字纸"就是敬重文化、敬畏知识、敬畏书籍。今天，我们仍然应该对阅读怀有一种敬畏的态度。

072

　　了解孩子，从他们读过的书籍开始，是一个很好的办法。所以，父母和老师不妨为孩子建立一个阅读档案，记录他们读过的书籍。从他们读过的书籍中了解他们的精神成长历程，用书中的人物、故事与孩子对话、交流，往往会有意想不到的效果。

兒童的閱讀是有階梯的，從繪畫書到橋梁書到文字書，德到童話德到兒歌德，詩詞德到故事文學到科學，看一個循序漸進的過程。朱永新先生論兒童閱讀以讀心。

壬寅夏紹華於京華金聖堂

073

儿童的阅读是有阶梯的。从图画书、桥梁书到文字书，从童谣、儿歌到诗词，从故事、文学到科学，有一个循序渐进的过程。

2013年，在江苏特级语文教师高子阳的主导下，昆山玉峰实验学校就推出了"152阶梯阅读方案"：一、二年级学生读完1000本绘本，三、四年级学生读完500本桥梁书，五、六年级学生读完200本纯文字书。6年加起来一共1700本书。方案推出不久，很多家长疑惑，学生们一度也觉得任务重。高子阳便轮番给家长、学生做思想工作，让他们明白阅读的重要性。"低年级的书内容以图片居多。只要每天坚持花20分钟时间，就能在小学6年读完1700本书。"高子阳说。1700本书全买下来，需要花费几万元，很多家庭负担不起。为此，学校每年都会投入专项资金，让学生能在学校免费借阅到书目内的所有书籍。如此，30%的学生小学6年下来能读完1700本书，绝大部分学生的阅读量达到了800本，很多学生的写作水平达到中学生的水平。随着阅读量的增加，学生们不仅成绩有所提升，性格也开朗了，甚至主动干起了家务活。

成长之美

每个真正用心阅读的人，总是能够在书中寻找到自己，总是能够在书中发现更好的自己，从而通过行动，去寻找有意义的人生。

074

　　那些伟大的著作，一直陪伴着我们的人生。它像照耀我们的太阳一样，让我们的人生温暖而有方向。即使在漆黑的夜晚，太阳也从未离开我们，它忙碌地去另外半个星球，照耀那些需要阳光的人们。再黑的夜，我们心里也有太阳的光芒。

075

　　知识就是力量。人类那些最伟大的知识，就藏在那些最伟大的著作之中。伟大的书，本身就拥有伟大的力量，我们只有通过阅读才能拥有这种力量。好的书会让我们更敏锐、更有力。

美国管理学者彼得·圣吉在《第五项修炼》一书中开宗明义地说："要打破这个世界是由个别、不相关的力量所创造的幻觉。奠基于此，才能建立不断创新、进步的'学习型组织'；在其中，大家得以不断突破自己的能力上限，创造真心向往的结果，培养全新、前瞻而开阔的思考方式，全力实现共同的抱负，以及不断一起学习如何共同学习。"在书中，彼得·圣吉描述了创建学习型组织的五项修炼（discipline）：自我超越、改变心智模式、共同愿景、团体学习、系统思考。五项修炼的目标是建设学习型组织，使其中的人能不断超越自己，通过共同学习和共同愿景，实现共同的伟大抱负。

其中，自我超越，是对一个人真正心之所向的"愿景"，不断重新聚焦、不断自我增强的过程。简单地说，就是朝着自己希望的方向不断成长的过程。从书籍中，我们可以找到自己的榜样并获得不断前进的动力。很多传记、小说、书信集等都能给我们很大的激励力量，《傅雷家书》《贝多芬传》《林肯传》《约翰·克利斯朵夫》《假如给我三天光明》等书就是其中的杰出代表。

076

经典总能说出我们经常思考但没有理出头绪的话语，说出我们过去经常想的问题但没有准确表达出来的思想，说出自己想说而没有说出来的话。经典总是与我们"心有戚戚"，与我们精神相通。

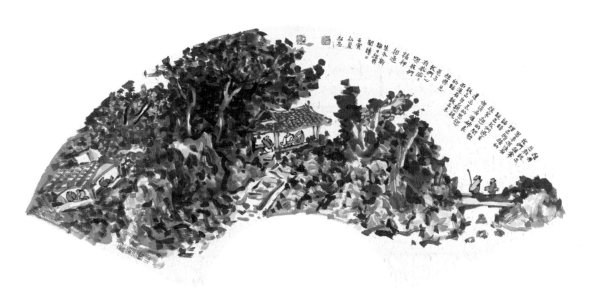

077

经典像一位历经沧桑的老人，不断与我们对话交流，每次都不会让我们失望；像一个蕴藏着无数珍品的宝库，每一次光临，都不会让我们空手而归；经典也像一位循循善诱的教师，针对不同的学生因材施教。

与《少年维特的烦恼》的主题类似，《亲和力》是歌德步入老年时所写的又一部以爱情为题材的小说。据说他仅仅用7周时间就完成了这部篇幅比前者大一倍的小说，而写作的动因也同样是为了克服一场无望的爱情对他带来的内心的巨大痛苦。德国作家赫尔曼·黑塞至少读过5次《亲和力》这本书。他的阅读经历告诉我们，经典是需要重读的。随着人的阅历的丰富和经验的增加，人们对事物的理解与看法也会有所变化，看到的东西也会有所不同。鲁迅先生曾经说过，一部《红楼梦》，"经学家看见《易》，道学家看见淫，才子看见缠绵，革命家看见排满，流言家看见宫闱秘事"。不同的人

看同一本书会有不同的视野和不同的感受；而同一个人，在不同的时期看同一本书，也会有不同的收获。书没有变，故事情节没有变，是看书的人变了。对于阅读的人来说，这本书甚至变成了完全不同的两本书。所以，对于那些伟大的经典，我们是需要重新阅读、多次阅读的。

078

同一部经典，在不同的时代，不同的文化背景下，经过不同语言的转换，被不断地丰富、解释、发展。经典本身会成为一种知识背景，所以要真正理解经典，还是应该尽可能回到它最初的文本，回到它原来的气息。

经典其实是在不断被丰富的。意大利当代作家白塔珞·卡尔维诺认为，无论是古代的经典还是现代的经典，都具有上述的特点。他以自己阅读《奥德赛》的经验为例，虽然他读的是荷马的文本，但是他也无法忘记书中的主人公"奥德修斯的历险在多少世纪以来所意味的

一切"。这些内容，有些可能是本来就隐含在原著之中的，有些则是后来逐步"增添、变形或扩充的"。也就是说，经典本身富有历史文化的内涵，其价值有时候会超出文本本身。同一部经典，在不同的时代，不同的文化背景下，经过不同语言的转换，被不断地丰富、解释、发展。经典本身会成为一种知识背景，所以要真正理解经典，还是应该尽可能回到它最初的文本，回到它原来的气息，而"尽量避免二手书目、评论和其他解释"。

079

真正的经典其实也是有生命的，能够繁衍后代的。那些真正伟大的经典往往被称之为"元典"，它们不仅仅早于其他经典，而且总是能够为其他经典提供话题与思想的源泉。

从图书的品质上，我们特别强调要读经典。读书就像交朋友，要交就交最值得交的好朋友，要读就读最值得读的好书。时间是最公正的法官。那些经过时间大浪淘沙积淀下来的经典，是最值得交往的朋友。它们是文化的源头，同时阐述着人生的哲理，能帮助人们树立正确的人生观和价值观。好钢要用在刀刃上，阅读时间应该用到经典书籍上。经典书籍是优秀文化的集大成者。从四书五经到二十四史，从孔子、孟子、老子、墨子、韩非子到文学、史学、哲学、经学、中医等，从盘古开天地、女娲造人到神农尝百草、仓颉造字，从精卫填海、后羿射日到嫦娥奔月、愚公移山……浩如烟海、博大精深的中华文化经典，将中华传统文化高度浓缩在字里行间。中华经典著作中，有一片传统文化的沃土；阅读这些经典著作，则是文化传承的基础。

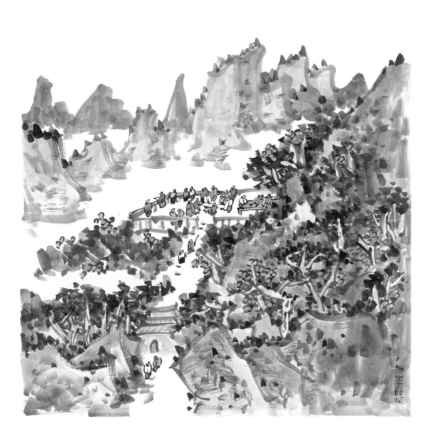

080

经典
阅读

对人类的思想进化来说，从信息到知识，从知识到人类的理解，从人类的理解到人类的智慧是一个精神和智力逐步升级的过程，也是人类与那些最伟大的著作对话的过程。每一个人、每一个民族都在对话中一步步往上爬行，汇总起来就构成历史以及我们当下所处时代的精神高度。

中国文化，无论儒家、佛家、道家，都是建立在对自我生命认识的基础上的。它要人的智慧不向外用，而反用于自己的生命，使生命变得智慧，从而得到改造与解放。所以，中国人的教育都是从唤起人的自觉能力开始的（"在明明德"），然后再觉他（"在亲民"），不达到"至善"的程度不能停止进步。我们进行新教育实验，也要扎根于这个坚实的文化基石。我建议我们的校长、我们的教师都要多了解一些中国文化，重新认识中国的文化传统，日常阅读不能只停留在几本教育理论书上。

雨果曾经说过："世上有一种东西比所有的军队都更强大，那就是，恰逢其时的一种理想。"我们是幸运的，因为我们恰逢其时。我们正处于人类历史上的一个大的转折点，全世界都在反思物质文明和实用主义带来的恶果，不同国度的人都在回归一种心的生活。

这是一个伟大的时代！人类的整体意识正面临一种转化与提升。我们要想在我们的民族和文化传统中寻求精神鼓舞，真正寻求我们的根，阅读正是最好的途径。有句话说得好："我一个人无法改变世界，但我能改变一个人的世界。"亨利·弗雷德里克·阿米耶尔也说："当我们自己改变了，一切似乎都改变了。"

081

人生需要一些影响自己的世界观、价值观、人生观，影响自己的思维方式和生活态度的书籍，新教育称之为"根本书籍"。它会把我们带到更加遥远的地方。

2022 年是伟大的人民教育家陶行知先生诞辰 131 周年，也是先生在上海创办的山海工学团成立 90 周年。陶行知先生一生秉持"捧着一颗心来，不带半根草去"的赤子之忱和"千教万教教人求真，千学万学学做真人"的务实精神，为教育立国殚精竭虑，为民族解放上下求索，为振兴中华历尽艰辛。漫漫知行路，代代行知人。近年来，通过中国陶行知研究会的大力倡导和全国陶行知研究专家的共同努力，国内学术界学习践行陶行知先生教育思想的著作日渐丰富。周洪宇先生主持编写的《陶行知年谱长编》和《陶行知全集》等陆续出版；20 年前方明老和张圣华各自编辑的《陶行知教育名篇》等也先后重印；我自己学习陶行知的心得《生活与教育：朱永新对

话陶行知》和《陶行知教育箴言》等也先后出版。人们普遍认为，陶行知先生的"生活即教育""社会即学校""教学做合一"的生活教育思想，在当代依然有着非常重要的现实意义。虽然陶行知先生已经离开我们七十多年了，但是他的思想和精神依然熠熠生辉。先生对于教育理想的追求和对教育改革的探索，一直是我们学习的楷模。虽不能至，心向往之。我们不仅要学习先生的人格风范，更要继承先生未竟的事业，通过"学陶、师陶、研陶"，重温先生语录，赓续行知精神，践行行知思想，让先生的精神和思想长久流传、发扬光大。

082

　　伟大的作家就是伟大的建筑师。他创造的精神景观，其宏伟、其瑰丽、其奇妙，绝不亚于任何伟大的物质的建筑，甚至也不亚于大自然鬼斧神工的作品。

著名作家冯骥才的作品明显具有天津的基因。从《一百个人的十年》《俗世奇人》到《单筒望远镜》，他的大部分作品都具有浓郁的天津地域风味。在他的小说、散文作品中，天津的特色小吃、手工艺品、租界建筑、风土人情更是随处可见。有人评价说他的小说有着浓郁的"津味"，他自己却说："我写的不是天津味儿，而是天津劲儿！"

是的，冯骥才先生的这些关于天津的作品，描摹的是天津的人、事、物，透出的是一股天津劲儿，刻画的是人性至深之处的爱与怒、喜与哀、纯真与复杂……种种对立而矛盾的一切被不动声色地糅合在一起。它们来自天津、扎根于天津却又超越了天津，成为这个世界上独一无二的一处值得铭记之所，就像一滴反射着七色光芒的水珠，自身晶莹剔透，令人赞叹。天津是冯骥才灵魂的巢、文学的根。天津因为有了冯骥才而增加了文化的温度和知名度；冯骥才则因为天津才有了自己创造的沃土。

083

　　伟大的作家，是能够帮助人们独立思考、坚守人格的。因为，他总能够在黑暗中看到光明，在人性中看到神性。伟大的物质建筑可能会遭到战争、灾害的毁灭，伟大的精神建筑，却能够永恒屹立。

084

那些没有价值的书，就像那些垃圾食品，不仅对人的健康毫无益处，更会伤害我们的身体。那些糟糕的书籍，不仅对我们的心灵毫无益处，也会伤害我们的心智。阅读的高度决定精神的高度，读经典的书、有价值的书，也会让我们的生命更加有品质、更加高贵华丽。

　　一般来说，"真""善""美"是最被人们重视、最基本的价值。对"真""善""美"的认知和追求，是具有普遍性的人类基本价值，是每个民族在生活实践中的基本度量衡，也是每个人成长中具有基础性意义的"立人"之本。

　　　　　　科学、人文和文学作品，是表现"真""善""美"的有效文本形式。科学是研究各种现象的本质和规律的知识体系，是反映事实真相的学说，其重在追求"真"，其最高追求是兼具"善"与"美"。人文是文化生活中与人关系非常密切的先进部分和核心部分，主要体现在各种艺术样式以及先进的价值观及其规范中，是重视、尊重、关心、爱护人的文化，其重在追求"善"，其最高追求是兼具"真"与"美"。文学是描写社会生活和心理活动的语言文字的艺术，其重在追求"美"，其最高追求是兼具"真"与"善"。科学即使揭穿"假"，也是为了诠释何为"真"；人文即使分析"恶"，也是为了突出何为"善"；文学即使揭露"丑"，也是为了彰显何为"美"。所以，作为必要的推荐和有限而有效的普及，我们应该努力将那些臻于"至真、至善、至美"的科学、人文、文学作品和成果，尽最大可能地遴选出来，给那些适合的人去阅读、欣赏和分享。

085

　　书籍是有生命的。有的书，一出生就死去了，而且永远不会再复活。有的书，出生后并不受人重视，但是它顽强地活着，一直在寻找自己的知音，它不仅有着强大的生命力，而且有着强大的自信心，终于在某一天有了属于自己的高光时刻。有的书，一出生就声名显赫，时间的大浪淘沙永远洗不掉它的芳华，在不同的时代被不同的人解读，是一棵长青的不老树。

阅读方法

086

读书如饮食，"没有时间"不应该成为借口。
当读书成为我们的生活方式时，当我们真正把
阅读作为生命中最重要的事情时，你总可以找
到读书的时间。

　　苏州的营伟华曾说过："我只有在文学的殿堂里，做一名
贪婪的读者，疯狂地阅读，如同站立两旁，向走在红毯上的大
师鼓掌，拍肿了掌心，就非常开心。"

　　在营伟华的办公室，最醒目的东西就是她的书架。她给员
工最珍贵的礼物，经常是她最喜欢的图书。我也有幸得到过她
赠送的《读书的艺术》等图书。她曾经在《无禁忌的关怀》文
中提到一长串作家和作品的名字：陀思妥耶夫斯基、高尔基、
普希金、契诃夫、罗曼·罗兰、莫泊桑、杰克·伦敦、王尔
德、川端康成、夏目漱石、钱锺书、老舍、巴金、鲁迅、沈从
文……这些名字，足以让任何一个中文系的学生仰慕。营伟华

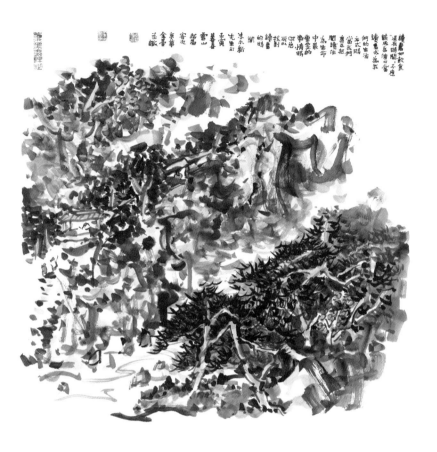

告诉我们，即使再忙再累，她也会抽出读书的时间，哪怕只读几页纸。无论是清晨还是黄昏，不管是深夜还是午后，在飞机场、在火车上、在约会见面对方尚未出现的时候，她都会拿出随身携带的书，"沉浸在文字凝练、思绪飞扬的书中世界"。她经常说这样的一句话："来不及，还有太多要读的书，来不及了……"

087

　　开卷有益的时代已经过去，在泥沙俱存、良莠难分的海量图书面前，我们的确需要认真选择最值得我们阅读的书。书有新旧之分，也有优劣之别。选书的诀窍，就是选择经过时间的洗涤依然熠熠生辉的书。

　　经典之所以是经典，往往在于它的原创性、独特性、新颖性，经典是真正的光源。所以，经典总会吸引世人的目光，总会引起社会的关注和学界的讨论，出现"不断在它周围制造批评话语的尘云"。那些笼罩在经典四周的"尘云"偶尔会遮掩经典的光芒，但经典总能够把那些"尘云"抖掉。为什么呢？因为总会有人拨开"尘云"。卡尔维诺说，许多学校往往本末倒置，让学生去读"二手"的书，但"任何一本讨论另一本书的书，所说的都永远比不上被讨论的书"。当然，他指的是那些真正的经典。所以，在通常情况下，如果有从容的时间，我们不要相信那些自称自己知道的比文本自身还多的"中间人"，不要满足于读导言、参考文献，还是尽可能直接走进经典。当然，对于初学者来说，借助这些"中间人"作为桥梁走进经典，也是未尝不可的。

088

信息时代呼唤高质量的阅读。茫茫书海，适合我们的永远只是冰山一角。越是清楚知识分量的人，在阅读上的选择越谨慎。阅读选择是人生选择的重要部分。

美国学者霍尔在 1901 年出版的《如何教阅读》一书中曾经说，阅读有两个根本性的问题：如何教孩子阅读，以及他们应该阅读什么？他认为，这是两个"最古老、最复杂和最重要的教育学难题"。我一直认为，在某种意义上可以说，内容比方法更加重要。也就是说，应该阅读什么比如何阅读更加重要，阅读的高度会影响精神的高度。

　　20 多年来，新教育人一直在用心地探索阅读的内容问题。东方、西方在阅读研究上的这番不期而至的相遇，可以称为同一个时代赋予人们的共同使命。从 2010 年到 2019 年的 10 年间，新阅读研究所组建了多个专家项目组，完成了以幼儿、小学生、初中生、高中生、大学生、父母、中小学教师、企业家、公务员书目构成的"中国人基础阅读书目"。书目陆续发布以后受到媒体和专家广泛赞誉。这个书目面向全社会的九大群体，是我们对全民阅读的研究与行动成果。对人类思想的进化和个人思想的发展而言，从信息到知识再到智慧，就像一个金字塔，是精神与智力逐步升级发展的过程。唯有通过书籍阅读，我们每一个人的智慧才能一步步地通往精神的金字塔之巅。

089

在读书的过程之中，能不能向作者提出几个问题，能不能提出几个不同的观点、不同的想法，与作者"杀几个回合"？这是检验读书成效的重要标准，也是防止读死书、死读书、读书死的化愚之道。

英国著名文学大师艾登·钱伯斯提出了几个很有意思的阅读讨论"游戏"。其中之一就是"非读者游戏"。什么是"非读者游戏"？一般来说，在阅读小组讨论的过程之中，最忌讳、最麻烦的事情就是参与讨论的人当中有一些人根本没有读过讨论的书籍，对文本一无所知。在这样的情况下应该怎么办呢？钱伯斯教给我们一个好办法，让小组中的非读者承担两项重要的任务：提问和汇整简报。提问的意义在于检验被提问的对象是否真正读懂了文本，一般来说，没有认真阅读的人往往会"以其昏昏，使人昭昭"，无法清晰地表达自己的思想和观点；而汇整简报不仅能够让非读者大致了解文本的内容与逻辑，相当于听了一次书籍的介绍，同时也能够让参与讨论的人确认自己的思想和观点是否被别人所理解和把握，从而训练清晰、流畅、仔细、周到地表达思想的能力。

    阅读讨论的过程，如何才能做到像层层剥笋一样，走进书的不同层次，发掘意义的多种可能？钱伯斯提出，为了把握讨论的节奏，控制讨论的方向，可以提出三种类型的问题：一是基本问题，这类问题相对比较简单，如："这本书里有没有什么是你喜欢的？""有没有什么让你困惑不解？"二是概论性问题，这类问题主要是把阅读的书籍与学生个人的阅读经验和生命体验、生活经验结合起来，如："你以前读过这样类型的书吗？""你有没有遭遇过和书里相同的情节？"三是特定问题，这类问题一般紧紧围绕讨论的文本展开，如："你觉得哪一个角色最有意思？""这个说故事的人，这个叙事者怎么看待书中各个角色？叙事者喜欢或者不喜欢哪个角色？我们从何得知？"这些问题可以供老师、父母或者孩子们在组织讨论时参考。当然，在实际的讨论过程中，我们完全可以根据文本和读者（参与讨论者）的具体情况进行现场发挥。

090

要真正地读好书，一方面要"放空"自己，全面正确地了解和把握书中的观点与内容；另一方面也要"以我为主"，把书中的内容经过自己的审视，作为建构自己大脑的原材料。

陈香是《中华读书报》童书与教育板块的主管，她不仅是中国儿童文学黄金时代的见证人，也是一位重要的建设者。21世纪以来，特别是党的十八大以来，我国的儿童文学迎来了作品井喷式增长和原创稳步提升的黄金发展时期，少儿出版完成了由"进口为主"向"中国制造"的转变升级。作为媒体人，陈香有着一般文学评论家不具备的优势，她能够在第一时间读到最新推出的儿童文学作品，像蜜蜂一样在儿童文学的百花园中博采众长。通过对于中国儿童文学的百年发展尤其是21世纪以来中国儿童文学的繁荣历程的考察，陈香发现，用西方儿童文学理论框架根本无法解释中国儿童文学的创作全貌与特征，甚至远离了中国儿童文学的文学语境和价值关怀。比如，从欧美儿童文学经典作品和广受市场欢迎的儿童文学作品类别来看，幻想儿童文学是重中之重；而从百余年中国儿童文学创作和潮流看，儿童文学经典作品和广受市场欢迎的儿童文学作品大多为现实题材儿童文学作品。在图画书领域，欧美图画书着重于"童趣""想象力""游戏精神"，而中国的原创图画书更多是对生命、历史文化的呈现和对现实的思考。所以，她提出要重构中国儿童文学的理论框架，重返中国儿童文学现场，重归中国儿童文学实践，从生动丰富的文学现场积累中国儿童文学的批评经验和理论原创。

要真心地讀好書，三方面要放空自己，全面地確地了解和把握書中的觀點與內容，另一方面也要以我為主，把書中的內容經過自己的審視作為建構自己大腦的原材料。

上錄朱永新先生句之私圖 壬寅立夏 銘昌於京華

091

　　我们在阅读文本的同时，也阅读生活、阅读世界，同时创造生活、创造世界。通过文学，我们拥有了一个更加美好的世界和更加美丽的人生，我们又根据文学中的形象去塑造自己、改造生活、创造奇迹。文学让世界更美好，让生活更美好，也让我们自己更美好。

我們在閱讀
文本的同時
也閱讀
生活閱讀
世界同時
創造生活
創造世界
通過文學
我們擁有
了一個更
加美好的
世界和更
加美麗
的人生我
們又根據
文學中的
形象去
塑造自己
改造生活
創造奇迹
文學讓世界
更美好讓
生活更美好
也讓我們
自己更美好

右錄
宋永新
先生句
壬寅三月
紹昌於
京華
金臺

阅读就像爬山，不怕慢，就怕站。

　　我是恢复高考后的第一届大学生，被录取到江苏师范学院（现苏州大学）的政史系。由于中学时代的文学梦想，大学一年级，我读得最多的是《中国历代诗歌选》，从《诗经》《陆游诗选》读到《龚自珍诗选》，再读普希金、雪莱、泰戈尔，也尝试背诵了一些古代诗词与现代诗歌。大学二年级那年是我阅读比较自觉的一年。我的同桌刘晓东喜欢泡图书馆，看到什么好书就推荐给我。上学期，我先是看历史书籍，《光荣与梦想》《第三帝国的兴亡》《世界通史》《中国通史》等，再后来是商务印书馆的那套"西方名著译丛"，卢梭的《爱弥儿》、亚当·斯密的《国富论》、福泽谕吉的《劝学篇》、黑格尔的《精神现象学》……虽然许多著作我并没有真正读懂，囫囵吞枣，但毕竟精神充盈。从大二下学期开始，我有意识地阅读了许多教育学、心理学的著作。那个时候，基本上都是苏联的教科书，从凯洛夫的《教育学》到列宁夫人的教育文集，看得最多是马卡连

柯的《教育诗》，做了许多笔记。后来学校选中去上海师范大学进修教育学、心理学的时候，我又比较系统地阅读了《尚书》《周易》《论语》《孟子》等中国古代经典，以及顾树森、毛礼锐、陈景磐等人的中国教育史著作，这些为我在20世纪90年代完成近80万字的《中华教育思想研究——中国教育科学的成就与贡献》奠定了基础。

093

追寻自己的梦想，任何人都可以创造辉煌；追寻伟大的灵魂，普通人也可以走得很远。通过阅读寻找生命的原型与人生的榜样，从阅读他人传记到创造自身传奇。

张一鸣是字节跳动的创始人。这位"80后"的年轻人，推出了基于机器学习技术的个性化信息推荐引擎产品，颠覆了许多人了解新闻的方式。在回答钱颖一先生关于大学四年中对他影响最大的事情是什么时，他坦诚地介绍说，是课外阅读。大学期间，他看了"很多很多的书，传记占很大一部分"。在喜欢阅读这一点上，张一鸣与马斯克非常相似。张一鸣在解释"为什么传记很重要"的时候说，

这些阅读对他后来的择业与人生规划起了很大的作用，让他更有耐心，"因为你看到很多很伟大的人，年轻时候的生活也是差不多的，也经过很多阶段，也是由很多点滴的事情构成的，大家都是平凡人。但是你要是有耐心，持续在一个领域能够深入的话，会取得一定的成绩"。他说，阅读传记会有很强的"代入感"，虽然传主的人生不是自己的，但是我们会有机会去审视，"看到人在巨大浪潮中的变化"。2021 年 5 月，刚满 38 岁的张一鸣在年富力强时选择急流勇退，宣布辞去字节跳动 CEO 的职位，不久又正式退出了字节跳动全球董事会，成为互联网巨头中最年轻的"退休者"。他说，要把时间花在更长远、更有社会价值的事情上去。我相信，他的创业智慧和人生选择，与他的阅读经验，与他的参透人生有着密切的关系。的确，阅读人物传记，就是在寻找自己的生命原型与人生榜样，是吸取别人的经验教训，是绕开别人走过的弯路的最快、最好、最有效率的学习方式。

094

读书也是思维和智力的体操，如果只在"舒适区"阅读，不读具有挑战性的书籍，就很难超越自己，实现真正的成长。

我遇到有难度的书，比如马克思的《资本论》、霍金的《时间简史》；甚至在我自己的专业领域，比如杜威的著作，也不是轻轻松松阅读的。我虽然系统地把五卷本的《杜威教育文集》读完，还写了几十万字的读书笔记。能否真正把握杜威教育思想的核心理念和精髓，我不敢确定。有些经典是绕不过去的。我们要知道它的存在和重要性，要走近它、理解它、挑战它。另外，对待经典要肯下慢功夫，沉下心读，不能快速浏览。

不同的书有不同的阅读方法，一般的书，总要进行概要性的了解；有难度的书要打"外围战"，看别人的理解，通过自己的阅读验证别人的理解是否正确。我经常会在书上做批注，经常带着问题去读书。新教育每年开一次大会，每年围绕不同的主题。比如今年的主题是"书香校园建设"，我就阅读了《书籍的历史》《书籍的世界》《什么是博雅教育》等数十种关于阅读的著作。在阅读中，我会整合经典著作的教育思想，形成思维导图——不仅仅是系统阐述

他们的思想，在一定程度上是"六经注我"（即用各种经典著作中的论断来解释和证明自己的观点，为自己的论点服务）。近十年来，我开启了个人的重读教育经典计划，每天早晨读著名教育家的著作，并且把其中对于父母和教师有启发的观点与大家分享，在个人微博上开设了《新父母晨诵》的专栏。十年来，我先后读完了叶圣陶、陶行知、苏霍姆林斯基、蒙台梭利、杜威等教育家的著作，撰写了100万字左右的读书笔记。

095

除了读有字书，还要读无字书。有时候，读无字书的价值不亚于读有字书。清代的张潮说："能读无字之书，方可得惊人妙语；能会难通之解，方可参最上禅机。"我们应善于向生活学习。

陶行知先生的生活教育理论有很重要的一个观点，"用活书，活用书，用书活"。他说，什么是活书？活书是活的知识之宝库。花草是活书，树木是活书，飞禽、走兽、小虫、微生物是活书，山川湖海、风云雨雪、天体运行都是活书。活的人、活的问题、活的文化、活的武功、活的世界、活的宇宙、活的变化，都是活的知识之宝库，便都是活的书。活的书只可以活用而不可以死读。新时代的学生要用活书去生产，用活书去实验，用活书去建设，用活书去革命，用活书去树立一个比现在可爱可敬的社会。其实这个离我们所说的真实的学习就更近了，也就是说首先遇到的场景是生活，是活的世界。陶行知先生最反对死读书的书呆子。"用活书，活用书，用书活"就是针对"读死书，死读书，读书死"提出来的。所谓"用活书，活用书，用书活"，首先就是要投入到生动的大自然、大社会中去，只要善于学习、善于思考，世界就是活书。如果只看纸质的图书，如果只知道读书不会做别的事，便是书呆子。书呆子和只会吃饭的饭桶一个样子。反之，如果读书是为了解决问题，把读纸质的书与读生活的书结合起来，那么，书就是最好的东西，"有好书，我们就受用无穷了"。

096

　　我们需要用阅读来反思自我。阅读是帮助我们看自己的镜子。一千个读者就有一千个哈姆雷特，说明从同样一本书里，每个读者所读到的、所汲取的，都带有个人色彩。每个真正用心阅读的人，总是能够在书中寻找到自己，总是能够在书中发现更好的自己，从而通过行动，去寻找有意义的人生。

　　《复杂性理论与教育问题》一书中，在论述"发现自我的学校"时，作者埃德加·莫兰有下面这段关于书籍与阅读价值的论述："书籍在我们身上构成'对真情的经验'，提示了我们在心中一向怀有而不知道的、被掩蔽的、深刻的、未定型的真情，并将之明确显示。这使我们获得双重的喜悦，因为我们在对一个外在于我们的真情的发现中，又发现了我们自己的真情，这个外在的真情和我们的真情汇合、融为一体并变为我们的真相。"同时，他为这段文字加了一个有意思的注释。他写道："愿读者允许我吐露关于书籍和生活的关系的心里话。我从未停止被生活推着走，但是书籍在我的生活中无时不在并

影响着它。书籍总是激励、照亮、指引我的生活；反过来，我的生活永远保持为询问的状态，它不停地求助于书籍。"莫兰深情地告诉我们，书籍在他自己的生活中起着非常重要的作用，不断地激励、指引和照亮他的人生旅程。在遇到各种问题时，他总是不断去求助于书籍，努力从书籍中寻找答案。书中的人物往往就是一面镜子，通过他们这些"外在的真情"，我们可以更好地发现自我，"发现了我们自己的真情"。同时，书中那些英雄人物，又成为我们的生命原型、人生的榜样。阅读，帮助我们成为更好的自己。

097

　　读书是需要循序渐进的，不同的书会组成一个自然的阶梯，引导我们去攀登思想与智慧的高峰。所以，当我们被一本书阻拦的时候，不要自暴自弃，而要另辟蹊径，寻找另外更合适的书，作为再次攀越这本书的阶梯。

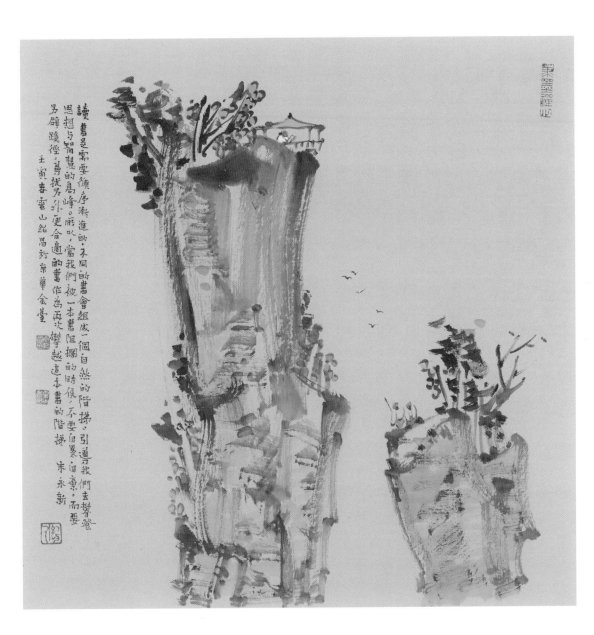

讀書是需要循序漸進的，不同的書會組成一個自然的階梯，引導我們去攀登思想與智慧的高峰。所以，當我們被一本書阻攔的時候，不要自累、自棄，而要另闢蹊徑，尋找另外更合適的書作為再次攀越這本書的階梯。朱永新

壬寅春鷺山紹昌於京華金臺

098

　　未来的人的阅读，也不可能是传统意义上的人的阅读。从阅读方式到阅读内容，都会发生深刻的变化。未来的人，在很大程度上是一个"人机结合体"。也就是说，未来的学习者，是人脑加人工智能的合体，人们会把简单的、工具性的、检索性的阅读交给智能机器人，会利用各种碎片化的时间让机器人为自己读书，阅读的效率和效果也会进一步提高。人工智能，将会帮助人类智慧阅读，高效阅读。

未來的人的閱讀也不可能是傳統意義上的人的閱讀。人在很大程度上是一個人擬結合體，也就是說，未來的人的閱讀交給智腦機器人會利用各種碎片化的時間閱讀，機至人為自己閱讀高閱讀的效率和致

具性的。搶寫性的閱讀，未來也會進一步提高，人工智腦人類會幫助人類智慧閱讀。智慧閱讀高效閱讀。未來新論《閱讀方法》王澍夏紹堂作北京金芝堂

從閱讀方式到閱讀內容都會發生深刻的變化，未來的學習者是人腦加人工智腦的合體，人們會把閱讀學的工

　　人工智能虽然无法替代人类的阅读，但是的确可以帮助人类更有效地阅读。如查找资料性质的阅读，未来人们就可以交给智能机器人去做。机器人还可以帮助人们对书籍进行"初读"，了解一本书的基本观点和主要内容，为人们进一步的深入研读提供基础资料。机器人也可以根据自己的"阅读"和对人们阅读口味的了解，对图书进行分类分级，帮助人们寻找最合适的读物，等等。再如，人工智能可以读书给人听。现在网络听书平台的火爆，就是顺应了人们业余听书的需求。据第三方数据公司艾瑞咨询的统计，2019年中国网络音频行业市场规模为175.8亿元，用户规模达4.9亿。同时，现在的电脑在模拟人声方面已经可以达到"乱真"的地步，能够"无限接近"真人的声音，甚至连人在朗读时的感情色彩也可以被人工智能"高仿"。阅读者可以选择最喜欢的偶像为自己朗读，从而获得阅读接受的亲近感。这样的阅读，可以帮助人们在跑步或者其他活动时"一心二用"地听书，也可以帮助尚不识字的幼儿进行"阅读"。另外，人工智能可以通过虚拟现实等一系列技术，让阅读超越现有纸质媒体的束缚，进入多媒体多感官的领域。阅读时加入全息投影与成像技术，会创造一番全新的阅读体验。现在，许多图书中已经普遍运用二维码技术，以及近年很流行的AR（增强现实）图书，已经帮助人们实现了多媒体阅读的可能。

099

人不是被动地接受书籍的。三观不正的人，读好书也可能读出问题；善于阅读的人，读坏书也不会深受毒害。关键还是我们自己用什么样的态度在读书。一方面，我们要学会与那些伟大的书籍对话，汲取大师的人生智慧；另一方面，我们也要善于怀疑，警惕自己随波逐流、人云亦云。掌握这两点，真正成为书的主人，自然就能正面发挥阅读的价值，度过有意义的人生。

经典不是绝对真理。在今天看来，经典有时候甚至会有一些明显的错误和硬伤。但是，即使是经典的错误，也常常是引起人们思考的原点。经典是我们认识世界与人生时经常绕不开的存在。也就是说，我们与经典同样也可以建立起"一种不是认同而是反对或对立的强有力关系。"

卡尔维诺举例说，他自己就是卢梭的粉丝，卢梭所有的思想和行动对于他来说都十分亲切。但是，他自己也经常会产生"一种要抗拒他、要批评他、要与他辩论的无可抑制的迫切感"。他需要在与卢梭的对话中确立自己。所以，经典会从不同的角度影响我们，我们也同样无法真正离开经典。在绝大多数学科中，有一些经典是永远绕不开的。

100

　　不爱读书的人，书本对他们有冰冷的疏离感。共读让这些人找到了阅读的温度，渐渐喜欢上阅读，从而养成阅读习惯，甚至成为他们的重要生活方式，进而达到事半功倍的效果。

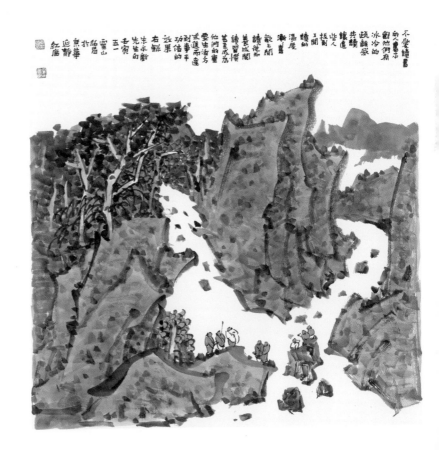

后

记

作为全民阅读形象代言人，我一直把阅读推广作为自己的使命和责任。这些年来，我先后出版了《我的阅读观》《书香，也醉人》《改变，从阅读开始》《造就中国人：阅读与国民教育》《梦想因阅读而生》《语文阅读与成长》《朱永新谈读书》等多部关于阅读的著作。我关于阅读的许多观点与主张也受到了广泛的关注，不少言论在网络上流传甚广。

在一次书画展览中，王绍昌先生与龙友博士等书画界朋友，不约而同地提出，运用书画形式来传播我的阅读主张。当我把创意告诉了木头马阅读的创始人李社堂先生时，他非常兴奋，认为这是阅读推广的极好形式，并自告奋勇担任这本书的策划。

经过一年多的努力，王绍昌先生完成了百余幅阅读的主题绘画作品，龙友博士也完成了部分书法作品。我与李社堂及装帧设计师朱赢椿先生商量后，觉得书法与绘画分开出版更合适，于是决定先行出版绘画版的《阅读之美》。这本书以我的一百句阅读小语作为纲领，配上王绍昌先生的一百幅绘画作品和我三十年来撰写的若干关于阅读的文字。这些文字有关于阅读的思考，也有阅读人物的故事，大多曾发表于微博号和正式出版物上。江苏凤凰文艺出版社的编辑爬罗剔抉、精心挑选，力求与阅读小语和配画珠联璧合，相得益彰。

这本书的顺利出版，首先要感谢王绍昌先生。王绍昌先生是丹青高手，擅长国画、壁画、漆画和水粉，多次参加全国展览并获奖，为创作这批作品，他阅读了大量资料，并力图用不同风格、不同色彩来表现，给我们留下了深刻印象。设计师专门选择了其中的四幅，制成易撕可装裱的作品，喜欢的朋友不妨一试。学校和机关也可以用来作为阅读的宣传画。

这本书的出版，也要感谢朱赢椿先生。朱赢椿先生是我多年的朋友，二十多年前就帮助我们设计过"教育在线文库"。这些年来，他在书籍装帧设计界声名鹊起，多次获得"世界最美图书"和"中国最美图书"大奖。这本书凝聚了他的大量心血，达到了比较完美的设计效果。特别是护封的设计别出心裁，由16幅可拆卸的精美书签组成，正面是阅读小语，背面是配画；还有两张印有我手写的阅读小语的明信片，也可以拆卸下来寄给你们喜欢阅读的朋友。

最后，还要特别感谢江苏凤凰文艺出版社为本书出版所付出的辛勤劳动，张在健社长带领团队专程来北京与我探讨本书的编辑出版方案，他们追求卓越的精神给我留下了深刻的印象。

亲爱的读者朋友，阅读是人生最美的姿态，也是世间最美的风景。希望这本小书能够带给您美的享受。

朱永新

壬寅冬月写于北京滴石斋

图书在版编目（CIP）数据

阅读之美/朱永新著；王绍昌画.南京：江苏
凤凰文艺出版社.2023.9
ISBN 978-7-5594-7629-6

Ⅰ.①阅… Ⅱ.①朱…②王… Ⅲ.①读书方法
Ⅳ.① G792

中国版本图书馆 CIP 数据核字（2023）第 042339 号

阅读之美

朱永新　著　王绍昌　画

出 版 人　张在健
策　　划　李社堂
责任编辑　姚　丽
装帧设计　朱赢椿
责任印制　刘　巍
出版发行　江苏凤凰文艺出版社
　　　　　南京市中央路 165 号，邮编：210009
印　　刷　苏州市越洋印刷有限公司
开　　本　718 毫米 ×1000 毫米　1/16
印　　张　14
字　　数　198 千字
版　　次　2023 年 9 月第 1 版
印　　次　2023 年 9 月第 1 次印刷
书　　号　978-7-5594-7629-6
定　　价　98.00 元